英語的思考を読む

英語文章読本 II

阿部公彦 [著]

研究社

Copyright © 2014 by Masahiko Abe

Chapter 3

"Killing" from TRUST ME by John Updike, copyright © 1962, 1979, 1980, 1981, 1982, 1983, 1984, 1985, 1986, 1987 by John Updike. Used by permission of Alfred A. Knopf, an imprint of the Knopf Doubleday Publishing Group, a division of Random House LLC. All rights reserved.

Extract from TRUST ME by John Updike.

Copyright © 1987, John Updike, used by permission of The Wylie Agency (UK) Limited.

Chapter 6

Extract from COUNTRY AND CITY by Raymond Williams.

Copyright © 1973 by Raymond Williams, used by permission of Chatto and Windus Ltd.

はじめに

読解の危機

　みなさんうすうす感づいているとは思いますが、今、読解力が危機です。
　二つの視点からこのことを説明してみたいと思います。
　私は東京都心の大学で教えています。私自身この大学の出身なので、学部生時代を含めて 30 年近く学生の様子を見てきました。最近はよく「学生の質が落ちている」という意見を教員の方々から聞くことが多いのですが、果たして本当にそうか。私は半信半疑です。少なくとも学生の知的能力そのものがそんなに落ちているとは私は思いません。授業中に意見を聞いたり、紙にコメントを書かせたりすると、けっこう鋭いことを言う。学部生でも、大学院生よりずっと奥行きのある洞察を示す人もいる。呑み会などでちょっとした雑談をしていても、知性を感じます。この人たち、けっこう賢いなと感心する。もちろん学生の知識のゾーンは時代とともに変わるので、私たちが当たり前だと思うことを若い人が知らないケースもありますが、逆に、私たちが彼らから見て無知に見えることだってあるでしょう。
　ただ、一つ痛切に感じるのは、読んで考えるということをしない人が増えたということです。とくに私からみて「あ、この人、賢いな」と思うような人でも、知的能力に見合うだけの"読む習慣"がない。それが如実にあらわれるのは、例えば少し込み入った英語の文章を読ませると、すぐギブアップするとき。わからないのは仕方ない。間違えることだってあるでしょう。それよりも問題なのは、ギブアップするのが早いということです。つまり、ややこしいものを前にして、「何ぉ〜。負けてなるものか」とファイトを燃やす人がすごく減った。これは英語には限りません。日本語でも同じ。
　そんなことを言うと、「文章の方に問題があるんだよ。それは悪文さ」という横やりが入るかもしれません。たしかに正論です。たしかに悪文のくせに

ふんぞり返って「さあ、読め」という態度の文章を書く人は今でもたまにいる。でも、悪文かどうかを見極めるのも、読者の重要な仕事です。ギブアップしてしまったら、それを放棄したことになる。それから、読む側のギブアップが早いということは、難しい文章に立ち向かわないということだけを意味するわけではありません。もっと問題なのは、簡単そうな文章にも立ち向かわないということなのです。

　実は簡単そうに見える文章ほど、じっくり読む必要があります。そこにはしばしば意味深さや、発見や、味わいや、ときには罠も隠されている。難しければ、そこに何かがあると思うから自然と注意も向くけど、簡単な文章には油断する。こちらが注意しないと大事なところを見逃してしまう。難しい文章にすぐギブアップしてしまう人は、おそらくやさしい文章もちゃんとは読まないのです。いや、そもそもちゃんと読むという習慣がない。

英会話が決してうまくならない人
　ではちゃんと読むとはどういうことか？　ここで二つめの視点に移りたいと思います。2013年に政府の主導で英語教育の刷新が提案されました。委員会がつくられ、「これからはTOEFLだ！」という提案がされた。その是非はここでは問題にはしません。ただ、その委員会の重要ポストにあったある議員さんがこんなことをおっしゃっておられた。

　　公式な会合は通訳がつきますが、大事なのはその前のあいさつから始まって、夜のパーティとか、みんなでわいわいやっている場での会話です。それが次の会合に生きてくる。でも悔しいことに英語で話せない。中高で6年もやったのに。そんな英語教育を直しましょうよ。

　なるほど。ごもっともな意見です。私も留学中には、とりわけ企業や官庁から派遣されていた方々からこのような意見をよく耳にしました。英語圏で

生活したり勉強したりする人にとっては、日常会話がどれだけできるかが切実な問題となります。「夜のパーティとか、みんなでわいわいやっている場」で英語をぺらぺらしゃべるというのは、きっとこの議員さんにとっても見果てぬ夢だったのでしょう。何しろ、"グローバル化"の時代です。日本でだけ英語の教育を受けてから海外に出て仕事をするという人も増え、このような事態を身近なこととして感じることも多くなりました。その対策として、過去二十年間、英語教育がオーラル重視に舵を切ったのはみなさんもご存じのとおり。

では、その成果はあったのか？

まあ、少しはあった、のでしょう。リスニング・テストの点数は上がったし、英語の発音が上手な人も増えた。しかし、実はこれは枝葉の部分にすぎません。幹の部分は別にあります。「夜のパーティとか、みんなでわいわいやっている場」で上手に会話に割りこむためにほんとうに必要なのは、小手先の英語力ではありません。日本語での会話も同じだと思いますが、初対面の相手と話しをするときに一番大事なのは、相手に興味を持つということです。

あなたが相手に興味を持っていなければ、向こうも興味を持ってくれません。ましてや、相手に興味も持たずに、「俺はこんな人間だ」「あたしはこう思う」と"発信"ばかりに忙しい人の意見には誰も耳をかたむけてくれないでしょう。はっきり言って、そんな人と付き合ってもろくなことにはならないとみんなわかっている。

「夜のパーティとか、みんなでわいわいやっている場」でしゃべりたいとおっしゃるこの議員さんが果たしてどれくらい相手に興味を持っていたのかはわかりません。何しろ議員さんですから、きっと相手の書いた本くらいは手に取り、相手の仕事や、国の情勢を勉強するくらいはしたのでしょう。少なくともお名前くらいは知っていたのでしょう。つまり、広い意味での"読み"は試みたのではないか。ただ、もしほんとうにそのような努力をしたの

なら、うまく会話に割り込めないことについて、「でも悔しいことに英語で話せない。中高で6年もやったのに。そんな英語教育を直しましょうよ」といったまとめ方はしなかったのでは？　という気もします。これではまるで、内容とは無関係に、抽象的な「英会話力」がぷわぷわ浮かんでいるように聞こえるからです。相手に興味を持てば、おのずと話すべき内容は浮かんでくる。そうすれば、たとえ現状の6年間の英語教育であっても、何らかのコミュニケーションは生まれたはずだと私は思います。

　私が言いたいことはおわかりいただけたでしょうか。ここでもやはり"読む習慣"がかかわっているのです。発信するためには、そもそも読んだり聞いたりしなくては話にならない。しかも単に情報処理のために読むのではない。「A」と相手が伝えてきたことを、「A」として受け取るということだけが読みではありません。それは単なる事務能力です。機械でもできます。読むとは相手の表現に対し、積極的に身を乗り出していくことです。相手に興味を持ったり、ときには退屈したり、難しければそれを解きほぐそうとしたり、やさしくてもそのやさしさの真相を見極め、微妙なニュアンスに聞き耳を立てながら、考えたり想像したり、場合によっては怒ったり喜んだりする。国の教育システムを改革しようとするときに、そのような視点が欠如しているという現状に私は大きな危機を覚えます。

"解読"の一歩先へ

　本書は以前に研究社から刊行した英語文章読本シリーズの第二弾です。前回は素材が小説中心だったということもあり、英米文学読解のための手引きという要素が強くありました。今回も小説作品はとりあげていますが、それ以外の散文にも触れることで、英語を読む際にどのような知的作業が伴うかをより一般的にお示しするつもりです。その過程を通して英語ならではの話の進め方、物の考え方、世界の整理の仕方なども確認できればと思っています。

はじめに

　本書は網羅的なものではありません。これだけ読めば英語的思考のすべてがわかるというものでもありません。ただ、英語やその背景にある文化をおもしろがるための大事な切り口は提供したつもりです。その切り口とは、「イノセンス」「風刺」「技巧」「ヒーロー」「批評」「議論」「神」の7つです。各章では、それぞれの切り口に合わせて選んだテクストをじっくりいじくりながら、読むことの可能性をさぐります。

　読むとは"解読"で終わるものではありません。曝き、ほぐし、整理したり理解したりすることでいろいろな意味作用は生まれますが、ときには退いたり、待ったりすることも必要です。つまり、ときにはあきらめたり、呆然としたりする。読むときには、こちらの強烈なイニシアティブで相手を組み伏せることが肝要になる局面もありますが、相手の都合に合わなければならないこともある。負けてみせる。わからないで終わる。そういったことをいろいろ実践してみました。

　本書はどこから読み始めても大丈夫です。興味が湧いた章からのぞいてみてください。ただ、もし可能であれば元になっている作品も手にとっていただきたい。そして——これももし可能であれば——英語の原典もながめていただきたい。その補助として、各章の終わりに「英語名言読本」というコーナーも付しました。ここでは英語の背景にある文化に少しでも興味を持っていただくためちょっとした名言に焦点をあて、メインの章よりは軽めのアプローチをとっています。

　やさしそうに見える作品でもけっこう難しいところはあるでしょう。「ヨブ記」などはかなりハードです。ただ、このシリーズの狙いの根幹にあるのは、"読む"とは挑戦だというメッセージです。挑戦でもあり、野望でもあり、企みや希望でもある。もちろん楽しみでもある。ときには退屈なこともあるでしょう。しかし、退屈さにも何かが潜んでいることがあるのです。何と奥深いことでしょう。パーティに行くのは、その後でも遅くはありません。

目　次

はじめに　iii

1 **イノセント**　心は言葉のどこにある？
　——オスカー・ワイルド「幸福な王子」　1

　　英語名言読本①　名言の名手
　　　オスカー・ワイルド　23

2 **風刺**　読んだふりの構造
　——ジョージ・オーウェル『一九八四年』　29

　　英語名言読本②　"絶望"と仲よしになるために
　　　フィリップ・ラーキン　55

3 **技巧**　形容詞の時代
　——ジョン・アップダイク「殺す」　61

　　英語名言読本③　恋愛について考えてみませんか？
　　　ジェイン・オースティン『高慢と偏見』　79

4 **ヒーロー**　主人公の資格——F・S・フィッツジェラルド『グレート・ギャツビー』　87

　　英語名言読本④　格好よすぎる台詞
　　　ヘミングウェイ『老人と海』　110

5 **批評**　難解さへの処方箋
　——T・S・エリオット「形而上派詩人」　117

　　英語名言読本⑤　華麗に恋愛を語る
　　　ウィリアム・シェイクスピア『ソネット集』　135

6 議論 **白か黒かで語る**
　——**レイモンド・ウィリアムズ『田舎と都会』**　143
　英語名言読本⑥　大人の味わい
　　ジョージ・エリオット『サイラス・マーナー』　171
7 神 **疑問文の神学**——**『ヨブ記』**　179
　英語名言読本⑦　超一級変人の美しい奇書
　　ヘンリー・デイヴィッド・ソロー『ウォールデン』　202

文　献　208
おわりに　211

1

イノセント
心は言葉のどこにある？
オスカー・ワイルド「幸福な王子」

心のこもった文章とは

　文章を評する言葉というのは、とかく比喩的でわかりにくいようです。たとえば「頭でっかち」「手先で書いている」「力強い」「力んでいる」など、文章というより人間の振る舞いでも指しているかのようで、どうしてそんなことが言えるのか不思議なのですが、案外、何かがわかったような気にもなります。それだけ私たちの中には「文は人なり」という幻想が生きているのでしょう。

　そんな幻想をもっともよく示すのは「心がこもっている」という言い方かもしれません。言葉に心がこもるというのは、いったいどういうことか。国語の授業などで手紙の書き方を教わるときには、「では、心のこもったお礼状を書く練習をしてみましょう」などという指示を出されるものです。でも、「心がこもった文章」を練習するというのはどういうことか。何か矛盾していないでしょうか。心がこもるというのは、準備や練習とは無縁のはず。狙いを立てたり、練習したりすることは、むしろ心のこもらない偽の表現につながらないでしょうか。たとえば「心のこもったラブレターを書く練習をしましょう」と言われたら、この矛盾はよりはっきりと意識されるはずです。でも、たしかに「心がこもった」と言うとき、私たちは何かを一生懸命に間違いのないようやるという構えでもいます。そこには「狙い」や「練習」が介在する余地がある。どうも「心がこもった」という言い方には、とらえどころのない変幻自在さがあるようです。

　かく言う私もときに「君の文章には心がこもっていないね」と叱られることがあります。書いているときはとにかく必死な

のですが、たしかにそう言われて読み返してみると心がこもっていないように思えることもある。恐ろしいことです。いったい何が起きているのでしょう。

そこで第1章ではまずこの厄介な「心がこもっていない」問題について考えてみたいと思います。「英文学史上、もっとも心がこもっていない文章を書いたのは誰か？」と訊かれたら、みなさんは誰だと答えるでしょう。私はすぐオスカー・ワイルドという名前が頭に浮かびます。何と言っても、ディケンズの『骨董屋』における薄幸の少女ネルの死について、「冷酷な石の心でも持っていない限り、あの小さなネルの死の場面を読んだなら、笑わずにいられないだろう」と言った人です。では、彼の作品の中でも、とりわけ心がこもっていなさそうなのはどれか。『ドリアン・グレイの肖像』か？ あるいは『サロメ』か？ それとも『まじめが肝心』？ 私にはどうも、一番心がこもっていそうな作品こそがあやしいと思えるのです。しばしば児童文学というカテゴリーに入れられ、実際、多くの児童に読まれ愛されてきたチャーミングな作品。「幸福な王子」(The Happy Prince)です。本章ではこの作品をテクストとして取り上げてみたいと思います。

ツバメの真心

「幸福な王子」は、そのタイトルの通り、ひとりの王子を主人公に立てています。しかし、この王子は人間ではありません。像なのです。王子は何不自由のない幸福な生涯を送り、幸福のうちに亡くなり、今は像となって町に飾られている。物語はこの幸福な王子と一羽のツバメが出会うところからはじまります。

ツバメは冬になると暖かいところに移動する習性ですから、舞台となっている町に寒い季節が訪れつつある今、まさに移動の準備をはじめています。実はツバメはちょっとした失恋を経験したところで、いささかの失意とともに、たまたま王子の像のところで休憩するのです。そこへ王子があるお願い事をしてきます。貧困にうちひしがれている母子に自分のルビーをあげて欲しいと言うのです。ツバメははじめは、自分はこれから旅に出なければならないからと断るのですが、結局、言われたとおり王子の剣の柄からルビーをとって、母子の元に届けることになります。そして、これをきっかけにツバメは、王子からの「もう一回」、「もう一回」という要請を断り切れずに、王子の身体から宝石をとっては恵まれない人に与えるという役を果たすことになります。しかしそのために、ついに暖かい南に移動する機会を逸し、寒さの中で死んでしまうのです。

　物語では早々に「真心」のことが話題になります。ツバメが王子の像の下で休んでいると、王子が涙を流している。いったいどうしたのか？ とツバメが訊くと、王子は次のように答えます。

'When I was alive and had a human heart,' answered the statue, 'I did not know what tears were, for I lived in the Palace of Sans-Souci, where sorrow is not allowed to enter. In the daytime I played with my companions in the garden, and in the evening I led the dance in the Great Hall. Round the garden ran a very lofty wall, but I never cared to ask what lay beyond it, everything about me was so beautiful. My courtiers called me the Happy Prince,

and happy indeed I was, if pleasure be happiness. So I lived, and so I died. And now that I am dead they have set me up here so high that I can see all the ugliness and all the misery of my city, and though my heart is made of lead yet I cannot choose but weep.'　　　　　(29)

「僕が生きていて、僕に人間の心があったとき」像は言った。「僕には涙が何なのかわからなかった。だって僕は「無憂宮(サン・スーシー)」に住んでいて、あそこには悲しみの入る余地なんてなかったから。昼間はお付きの者たちと庭で戯れ、夜になれば大広間でみなの先に立って踊った。庭の周りには高い塀がめぐらされていたけど、その向こうに何があるのか僕は訊こうとは思わなかった。僕のまわりではあらゆるものがとても美しかった。臣下たちは僕のことを幸福な王子と呼んでいたし、実際僕は幸福だった。もし快楽が幸福を意味するならね。僕はそんなふうに生き、そんなふうに死んだ。それで死んでからこうして高々と祭り上げられてみると、自分の町の醜さや悲惨さがすべて見えてしまう。心が鉛でできていても、思わず涙が出てくるんだ。

生きた心を持っていたはずのときには、自分はほんとうの「心」を持っていなかった。こうして像になってみて、もはや生きた心を持たなくなって、はじめてそのことに気づいたと王子は言います。こうして金属の身体になってみて、やっと生身の悲しさを知ったという。いかにも皮肉な状況です。ひねりの効いた倫理的なメッセージが読める。

　物語は、心をめぐるこのアイロニカルな洞察を軸に、たいへんきれいにまとまります。結末のところなど、完璧と言っていいくらい見事な仕上がりぶりです。生きた心を持ったはずの人間たちが、浅薄で、見栄っ張りで、とことん冷血さや愚鈍さを

発揮するのに対し、心を持たないはずのツバメや像がとても温かい「心」を持っている様子が、定規で線を引いたようなきれいなコントラストとともに描かれるのです。いや、単なる比喩ではありません。あまりにコントラストがきれいすぎて、ほんと？ マジ？ という気にさえなります。どこかあやしいな、という疑念が湧いてくるのです。

細かいことは気にするな！

たとえば、今の引用部の王子の言葉に注目してください。そこにはいったいどのような特徴があるでしょう。まず気づくのは、とても流麗に言葉が流れているということです。よどみなく語っている。そう聞こえるのは、彼の文章の要所要所にきれいな対関係を成す構文が置かれているからです。

In the daytime I played with my companions in the garden,
/ and in the evening I led the dance in the Great Hall.

So I lived, / and so I died.

And now that I am dead they have set me up here so high
/ that I can see all the ugliness and all the misery of my city,

though my heart is made of lead
/ yet I cannot choose but weep.

---

1 心は言葉のどこにある？

こうした対関係は、文章に安定した走行感のようなものを与えるでしょう。[1] 18世紀にはこうしたバランスを取るような構文をわざわざ使うことで、文章に抑制を効かせて洗練された優美さを表現しようとする傾向があったことがよく知られています。しばしばそうした作法は politeness と呼ばれたりもしました。

しかし、この王子の言葉の対関係はちょっと違うようです。バランスによって抑制を効かせるというよりは、もっとどんどん語っている感じがする。同じ対関係でも、ひとつのことを精妙に見極めるために、ああでもないこうでもないと吟味するのが18世紀的な感性だとすると、王子の台詞の対関係から漂いだしてくるのは、「どっちもどっち」とか「どっちでもいいからとにかく」と十把一絡げに話をまとめようとするような、邁進の構えです。その邁進の構えがとくに明確に確認できるのが、下線を引いた部分です。

Round the garden ran a very lofty wall, but I never cared to ask what lay beyond it, <u>everything about me was so beautiful</u>.

My courtiers called me the Happy Prince, and happy indeed I was, <u>if pleasure be happiness</u>.

これらの下線部は、いずれも文の中心を成す対の部分への付け加えのように機能していると思うのですが（前者は"理由"、後者は"留保"）、いずれも、後からややおざなりにくっつけられて、まるで影のような、あるいは後塵のような位置に押し込められています。つまり、こうした細部の追加は、むしろ細部の

抑圧をこそ示していそうです。そこから伝わってくるのは、「この文は細かい雑音にはこだわらず、とにかく中心部分だけをどんどん言うのですよ」というような語りの構えです。

　ここで思わず首をかしげたくなります。この物語がプロットの上で目指すのは、「真心の発見」とでも言うべきもののはずです。心の真実。でも、この物語はほんとうに「真実」などというものを信じているのでしょうか。定規で線を引いたような、とさっき言いましたが、どうもこの定規で線を引いたような整頓の感覚と、そこから出てくる心地良い邁進性とが、まさに「真実」から私たちを遠ざけているのではないかと思えるのです。「あやしい」という疑いを私たちが持つのは、このためです。

心の真実とは？

　私たちが「真実」に期待するのは、定規で線を引けるようなわかりやすいものではないのです。むしろ定規などでは在処(ありか)を示せないようなものこそが真実なのだ、という了解があるように思います。だからこそ真実は、わざわざ苦労して辿りつく価値がある。それは複雑で、曖昧で、難解で、そして——何より——苦い。私たちの心の中には、そういう複雑で曖昧で難解かつ苦いようなものを甘受する味覚スポットのようなものがあって、そのスポットの要請に従って私たちは「真実」を求めているのではないか、と思われるのです。私たちは本来的に苦みを求めている。

　これに対し「幸福な王子」が語るのは、とてもわかりやすい「心」です。単純明快で、きっちり在処を示すことができるような「心」。苦いどころか、流麗な言葉がとても甘く響きます。

こんなことを言うと、「これは児童向けだから」という答えが返ってくるかもしれません。子供には物事を整理してわかりやすく語ってやる必要がある。彼らは言葉の複雑な機能に慣れていないから、語をひとつひとつ切ってゆっくり語りかけてやらないとわからない。この作品は、複雑で曖昧なグレーゾーンについてあえて単純に割り切って食べやすくしてやることで、子供にも届くようなメッセージに仕立て上げているのだ、と。たしかに「幸福な王子」は便利な児童文学として流通してきました。多くの人は子供のころにこの作品を読んでいる。そして、ちゃんと倫理的なメッセージを読み取ってもいる。

　しかし、ほんとうにそれでいいのでしょうか。どうもそうした見方だけではこの「幸福な王子」という作品の大事な部分を語ってはいないような気がするのです。私にはどうも、児童文学という仮面が隠れ蓑なのではないかという気がするのです。

ツバメが多弁な理由

　「真心」と関連してとても気になる一節があります。王子からの依頼を受けたツバメが、はじめてその使命を果たしてきたときのことです。

Then the Swallow flew back to the Happy Prince, and told him what he had done. 'It is curious,' he remarked, 'but I feel quite warm now, although it is so cold.'
'That is because you have done a good action,' said the Prince. And the little Swallow began to think, and then he fell asleep. Thinking always made him sleepy. (31)

それからツバメは幸福な王子のもとに飛んで戻り、何をしたかを報告した。「不思議なんだけど」ツバメは言った。「すごく暖かく感じるんだ。こんなに寒いのにね」

「それはいいことをしたからだよ」と王子は言った。ツバメはそれがどういうことか考えようとしたが、そのうちに眠りに落ちてしまった。考えるといつも眠くなる。

ツバメは考え始めると眠くなる、というのです (Thinking always made him sleepy.)。いったいなぜでしょう？ ツバメは頭が悪いからでしょうか？ 考えることに慣れていないからでしょうか？ もちろんそういう要素もあるでしょう。でもそれよりも大事そうなことがあります。ツバメの言葉は、考えることに向いていないのではないでしょうか。その言葉はあくまで語るための言葉なのです。これに先立って、王子の身体が丸ごと金ではなくあくまで金メッキで、内側は鉛であるということを知ってツバメが驚くという場面があります。

'What, is he not solid gold?' said the Swallow to himself. He was too polite to make any personal remarks out loud. (30)

「え！ 彼はまるまる金じゃないのか？」ツバメは独り言を言った。礼儀を知っているから、そんな中傷めいたことを相手にずけずけ言ったりはしない。

しかし、ツバメは王子に失礼だからと自分の驚きを隠します。内心を隠すわけです。そこでは内面と外面という区別ができている。しかし、このときもツバメの言葉は心の声として語られ

るのではなく、あくまで言葉の形をとっています。つまり、心のありさまがそのままとらえられるのではなく、独り言で口にした台詞に媒介されているのです。ここでは言葉と内面は乖離したままです。

「幸福な王子」はとても台詞の多い物語です。ストーリーの大事な部分はほとんど王子とツバメの間のやり取りを通して語られている。その台詞はどれもとても流麗で、すでに確認したように対関係や並列のリズムに乗りながら、邁進していきます。とりわけ気になるのはその「長さ」です。たとえば、王子の「もうひと晩、いてくれないか?」という頼みにツバメが答える台詞はこんな具合です。

'I am waited for in Egypt,' answered the Swallow. 'Tomorrow my friends will fly up to the Second Cataract. The river-horse couches there among the bulrushes, and on a great granite throne sits the God Memnon. All night long he watches the stars, and when the morning star shines he utters one cry of joy, and then he is silent. At noon the yellow lions come down to the water's edge to drink. They have eyes like green beryls, and their roar is louder than the roar of the cataract.' (31)

「エジプトではみんなが僕を待ってる」ツバメは言った。「明日には僕の友達はナイル川第二の激流まで飛んでいく。蒲の茂みには河馬が屈み、大きな御影石の台座には神たるメムノーンが腰をおろしている。一晩中メムノーンは星を見つめ、明けの明星が輝くとひと声喜びの叫びをあげてから、じっと黙る。正午になると黄色いライオンたちが水を求めて水際までおりて来る。ライオンは緑柱石みたいな緑色の目をしていて、そ

のうなり声は激流の音よりも大きいんだ」

実に長い台詞です。ひと言、ノーと言えば済むところ、ツバメは頼まれもしないのに、延々とエジプトの風景を描き出すのです。なぜでしょう。

ひとつの解釈はこうです。この「長さ」はツバメとしてみると、ひとつの戦略になっている。ツバメは王子の「頼むよ！」というプレッシャーを感じ、しかも自分自身の内側からも良心の声のようなものを聞いていて、だから、そうしたプレッシャーを跳ね返そうとするかのように多弁になって、あまり関係ない風景を美辞麗句を連ねて描写しているのではないか、と。つまり、これは心の真実を覆い隠すための多弁である、という見方です。ツバメはこうしてエジプトの風景を語ることで、王子に対してだけではなく自分自身に対しても「僕はエジプトに行かねばならないのだ」と言い聞かせているのかもしれない。

ただ、これに続く王子の台詞を併せて読むと、両者の間には何か共通するものがあるような気がしてきます。ふたりの言葉はよく似ているのです。

'Swallow, Swallow, little Swallow,' said the Prince, 'far away across the city I see a young man in a garret. He is leaning over a desk covered with papers, and in a tumbler by his side there is a bunch of withered violets. His hair is brown and crisp, and his lips are red as a pomegranate, and he has large and dreamy eyes. He is trying to finish a play for the Director of the Theatre, but he is too cold to write any more. There is no fire in the grate, and

hunger has made him faint.' (31–32)

「ツバメよ、ツバメ、かわいいツバメ」王子が言った。「町のずっと向こうでは、一人の若者が屋根裏部屋にいる。一面紙の散らかった机にもたれ、そのわきのコップのスミレは萎れている。栗毛色の髪は縮れ毛で、唇はザクロのように赤い。大きい夢見がちな目だ。彼は劇場の支配人に見せるための脚本を書き上げようとしているのだけれど、寒くてもう書けない。暖炉には火もなく、空腹でふらふらなんだ。」

王子の台詞もまた長い。王子も多弁なのです。もっともなことかもしれません。ツバメにしても王子にしても、相手に「うん」と言わせようとする、いわば説得を目的とした言葉を語っているから、つい一生懸命になっている。だから、自然と言葉の量も多くなるということです。

名詞で語る

でも、彼らを多弁にしているその仕組みをあらためて考えてみると、ひとつ気がつくことがあります。どちらも対象と視点(王子・ツバメ)との間の距離が、きわめて一定なのです。たとえばツバメの台詞は次のように続きます。——The river-horse couches there among the bulrushes, and on a great granite throne sits the God Memnon. All night long he watches the stars, and when the morning star shines he utters one cry of joy, and then he is silent. At noon the yellow lions come down to the water's edge to drink. They have eyes like green beryls, ... 下線で示したように次々に名詞が出てきてそれがイメージの連鎖を作っているのですが、これらの名詞は驚くほどお互い

に対等というのでしょうか、焦点とか強調とかいうものがほとんど感じられない。とにかくフラットな連鎖があるだけなのです。

　では、王子の言葉はどうか。——He is leaning over a desk covered with papers, and in a tumbler by his side there is a bunch of withered violets. His hair is brown and crisp, and his lips are red as a pomegranate, and he has large and dreamy eyes. He is trying to finish a play for the Director of the Theatre, but he is too cold to write any more. There is no fire in the grate, and hunger has made him faint. ここでも次々に名詞が出てきて、この連鎖によってイメージが作られているのがわかります。そしてここでも、描き出される風景はとてもフラットなものです。

　どちらにも共通するのは、名詞の中心化です。名詞がとても目立っている。こうして線を引いた名詞を見渡してみるだけで、この文の意味するところはだいたい伝わってきます。ツバメの台詞も王子の台詞も、基本的には名詞で語られているのです。そして、その一方で名詞以外の品詞、たとえば動詞とか、形容詞とか、副詞といったものはあまり活躍していません。これは何を示すのでしょう。

　風景描写が名詞中心になるのは、ある意味では当たり前です。風景はモノを中心に構成されるわけだから、風景描写がモノを示す名詞を追う視線によって行われるのは当然のことに思えます。しかし、いくら風景描写であっても、ふつうはそこに強調したいものとか、辿りつきたいもの、目障りなものなど、何らかの形で「気になるもの」がある。ましてやツバメや王子の台

詞は、それぞれ言いたいことや主張したいことがあって口にされているわけだから、その話のポイントを焦点化するようにして語られてもおかしくない。そこで本来活躍するのが動詞であり、副詞であり、形容詞であるわけです。これらの品詞には、名詞的な要素を際立たせたり（形容詞）、動かしたり（動詞）、方向づけたり（副詞）することで、モノが語り手なり人物なりに対して意味的に立ち上がってくるのを助ける働きがあります。

　しかし、ここではそういうふうになっていないのです。たとえばツバメの台詞は、どうして自分がエジプトに行きたいか、行かねばならないか、ということを説明するわけだから、ツバメが自分との関係でエジプトの風景を語るべきなのに、「自分」の部分はほとんど捨象されて、エジプトそのものについてだけ語っている。王子にしても、貧しい劇作家の悲惨について語っているわけだから、劇作家自身と彼のいる風景との関係についてもっと語ってもいいのに、そのあたりについては控えめで、a play, the Director of the Theatre, hunger, no fire, the grate というような名詞ばかりが際立っています。

　どちらの語る言葉も何かが足りない。そのせいでモノがモノのまま、意味とならない。意味として浮き上がってこないのです。では足りないのはいったい何なのでしょう。モノに意味を与えるためには、そのモノがお互いに関係づけられる必要がある、それを行うための統合的な主体性のようなものがこれらの文章には欠けているのではないでしょうか。もちろん、ツバメや劇作家など、それぞれの場面での表面的な「主人公」はいます。しかし、風景を意味づけるための動作主がいない。風景を見ることで感じたり考えたりする主体がいないのです。これは

究極的には、「幸福な王子」という作品に「心」を持った存在が書かれていないということを意味するのかもしれない。

心を語らないという選択

　「真心」をテーマとしたはずの「幸福な王子」は、「心」を書ききれていないということなのでしょうか。それでは、この作品は失敗作ということになってしまうかもしれません。ここで先にあげた Thinking always made him sleepy. という一節に立ち返って考えてみましょう。この箇所はやはりとても意味深いように思えます。ツバメは考えようとすると寝てしまう、という。この一節が暗示するのは、この作品ではそう簡単に「心」なんか書きませんよ、ということではないでしょうか。この小説のストーリー上の最大の出来事は、ツバメの「心」の変化です。しかし、だからこそ心のそのほんとうに大事な部分については書かないのかもしれない。

　ツバメの心に何かが起きているな、と思わせる一節は所々にあります。たとえば、以下にあげるのは、ツバメがサファイアでできた王子の眼を貧しい劇作家に届けた後の場面です。ツバメは港湾での人間たちの作業風景を眺めています。

The next day the Swallow flew down to the harbour. He sat on the mast of a large vessel and watched the sailors hauling big chests out of the hold with ropes. 'Heave a-hoy!' they shouted as each chest came up. 'I am going to Egypt!' cried the Swallow, but nobody minded, and when the moon rose he flew back to the Happy Prince.

(32)

> その翌日、ツバメは波止場まで飛んでいった。大きな船のマストに腰かけ、水夫たちが大きな収納箱をロープで船倉から引っ張りだしているのを見つめた。「そーれ」収納箱がひとつ出てくるごとに水夫たちはかけ声をかけた。「僕はエジプトに行くんだ!」ツバメは声をあげたが、気にとめる者はいない。月が出ると、ツバメは幸福な王子の元に飛んで帰った。

ここでも先に確認したような特徴が見られるかと思います。nobody minded とか he flew back to the Happy Prince. といった箇所ではそれなりに「行為」も描かれているのですが、こうした行為がツバメの「心」を軸に焦点化されたり意味づけられたりしないため、描写がフラットに見えるのです。

しかし、このフラットさは欠点どころか、むしろ魅力のように思えます。作業する人たちに、「エジプトに行くんだ!」と言ってもまったく無視されるツバメ。無視されたことにツバメは何かを感じたのかもしれないけれど、その「心」の部分にはあえて立ち入らず、王子のところに戻っていった、とだけ書かれている。

ここ、すごく良いところです。もし、ツバメがああ考えた、こう考えた、などと踏み込んで書いたりしたら台無しです。ツバメが何を考えていたのかわからない、そもそも何かを考えていたのかどうかも定かではない。ひょっとするとツバメには「心」などない。あるいは、あったとしても私たちが安易に「心」と書いてしまえるようなものではないのかもしれない。そんなふうに感じさせる。

この作品の芯となっている構図を思い出してみましょう。本来「心」があるはずの人間が、とても「心」があるとは思えな

いような、それこそ「心ない」振る舞いをする。これに対し「心」がないはずのツバメや彫像が、まるで「心」があるかのように涙を流したり、慈愛に富んだ行動をとったりする。ワイルドは意外とこの設定に忠実に語りを展開しているように思えます。ツバメや像に語らせる台詞が、いかにも「心」の部分だけを取り除いた、とても表層的なものに見えるのです。それは表現の失敗とか限界とかいうことでない。むしろワイルドはわざと表層の部分にとどまっているのではないでしょうか。とどまることで、「心」がないはずのツバメや彫像に、どのように「心」を与えることができるのかを試している。

　考えてみると、物語の冒頭、葦との恋愛に失敗したばかりのツバメは、もう少し「心」を想起させる言葉を語っていました。以下の引用は像の下で休息するツバメが王子の涙に気づくところですが、下線を引いた箇所に注目してください。

'What a curious thing!' he cried, 'there is not a single cloud in the sky, the stars are quite clear and bright, and yet it is raining. The climate in the north of Europe is really dreadful. <u>The Reed used to like the rain, but that was merely her selfishness.</u>'　　　　　　　　　　**(29)**

「いったいどうしたことだろう！」彼は声をあげた。「空には雲ひとつなく、星がくっきり鮮やかに輝いているというのに、雨が降っている。ヨーロッパの北の方の天気ときたらほんとにひどいな。葦は雨が好きだったけど、あれは彼女の単なるわがままだ」

あいつめ、という恨みが聞こえてきます。怒りであるにせよ、

1　心は言葉のどこにある？

愛の名残であるにせよ、多少なりと葦に対するツバメの熱い気持ちが読めるでしょう。あるいは「星が明るく輝いているのに雨が降るなんて」(the stars are quite clear and bright, and yet it is raining.) という箇所にも——変わりやすいイギリスの天気への皮肉がこめられているとはいえ——ツバメの「気持ち」は読める。しかし、ツバメは次第にこういうふうなことを思わなくなっていくのです。まるで「心」を失ってしまったかのように。

　ということは、ツバメがはじめから心を持っていなかったわけではないということです。単なるイノセンスの物語ではない。そうではなくて、ツバメは一足先に「心」を得た王子に引き寄せられるようにして、次第に「心」を持つのがどういうことかを学んでいく。王子やツバメにとって「心」を持つとは、欲やエゴから自由になって、もっと別のレベルにとどまるということなのです。それは、気持ちや内面といった奥の方にあるものから自由になり、やたらとものを思わなくなるということです。ツバメや王子の言葉のフラットさが、それを可能にする。

　結果的に「幸福な王子」でツバメや像に与えられる「心」は、私たちの「心」や「真心」に対する前提を崩すのかもしれません。この作品を通して明らかになるのは、「真心」というものが奥の方に鎮座する大事な真実などではないということです。そもそも英語の heart という表現には、日本語の「心」と同じように、「愛情」「同情心」といった意味が強くあります。この作品で、像とツバメによる慈愛に満ちた振る舞いを通して強調されているのはそうした感情的な部分で、つまり、「心」とはひりひりと表層のところに露出しているような感受性のことだと示

されているのです。しかし、それだけではありません。こうした表層性と呼応するかのようにツバメや像はとても表層的でフラットな言葉を語るわけですが、そのことでさらに表現されているのは、ツバメや像が表層のモノに——そしてモノとしての言葉に——閉じこめられていくということです。ツバメが死ぬ場面は何とも言えない書かれ方をしています。

But at last he knew that he was going to die. He had just strength to fly up to the Prince's shoulder once more. 'Good-bye, dear Prince!' he murmured, 'will you let me kiss your hand?'

'I am glad that you are going to Egypt at last, little Swallow,' said the Prince, 'you have stayed too long here; but you must kiss me on the lips, for I love you.'

'It is not to Egypt that I am going,' said the Swallow. 'I am going to the House of Death. Death is the brother of Sleep, is he not?'

And he kissed the Happy Prince on the lips, and fell down dead at his feet. (34)

でもついに彼は自分が死ぬのだと悟った。かろうじてもう一度だけ王子の肩まで飛んでいくことができただけだった。「さようなら、王子様!」彼はつぶやいた。「君の手にキスしていいかい?」

「よかったね、これでやっとエジプトに行けるね。かわいいツバメ」王子は言った。「ずいぶんここに長居したものね。いいから、僕の唇にキスしておくれ。僕は君のことが好きだ」

「僕が行くのはエジプトじゃないよ」ツバメは言った。「僕が行くのは死の館さ。死は眠りの兄弟、でしょ?」

そうして彼は幸福の王子の唇にキスをすると、その足元に落ちて息絶

えた。

ツバメはこうして自分の言葉通りに死んでいきます。下線を引いた台詞などは、読者としては皮肉な目で読みたくなるところでしょう。あ〜あ、かわいそうに、と。しかし、あ〜あ、かわいそうにと気安く思った瞬間に、私たちはツバメや像の「心」からは遠いところにいることになります。果たしてそういうことなのでしょうか。「幸福な王子」を読むとは、このような皮肉な目に辿りつくということなのでしょうか。

　たぶん、そうではないのだと私は思います。ツバメや像の「心」を読むとは、いかにツバメや王子の像が表層の言葉に閉じこめられていくか、つまり、Death is the brother of Sleep. というような嘘っぽい美辞麗句も含めて、「奥」とか「真実」とはあまり関係なさそうな言葉の浅さにいる、その徹底的なフラットさを体験するということなのです。その身動きできないような浅さと浅は̇か̇さ̇にこそ、「幸福な王子」で語られる「心」の在処がある。ワイルドは、こうして浅い部分にとどまる王子やツバメを通して、奥の方にあるものとしての「心」しか持つことのできない人間たちにはないものを書こうとしているように思うのです。奥の方にある「心」など、所詮は言葉で語り̇う̇る̇「心」です。ツバメや王子の「心」は決して言葉では太刀打ちできないもの。だからこそ、彼らの言葉はあくまで浅い部分にとどまっているのです。そうすることで彼らの「心」は、言葉による汚染から守られるのです。これは私たちが「幸福な王子」を児童たちに与えるときに彼らに求めていることなのかもしれない。もちろんワイルドは、私たちのそんな企みを見抜いてい

たのではないかと思います。

注
1 『英語文章読本』第 11 章を参照。

オスカー・ワイルド (1854–1900)

イギリスの詩人・小説家・劇作家。アイルランド生まれ。オックスフォード大学時代にウォルター・ペイターの唯美主義やジョン・ラスキンの芸術観に影響を受け、芸術至上主義を体現する作品を次々に発表し、社交界の花形となった。後に同性愛がきっかけで 2 年間投獄された。代表作に、小説『ドリアン・グレイの肖像』(1891)、戯曲『サロメ』(1893)、『ウィンダミア夫人の扇』(1892)、『まじめが肝心』(1895)、批評集『意向集』(1891)、童話集『幸福な王子』(1888) など。

英語名言読本 ①

名言の名手　オスカー・ワイルド

ひねりの効いた「下の句」

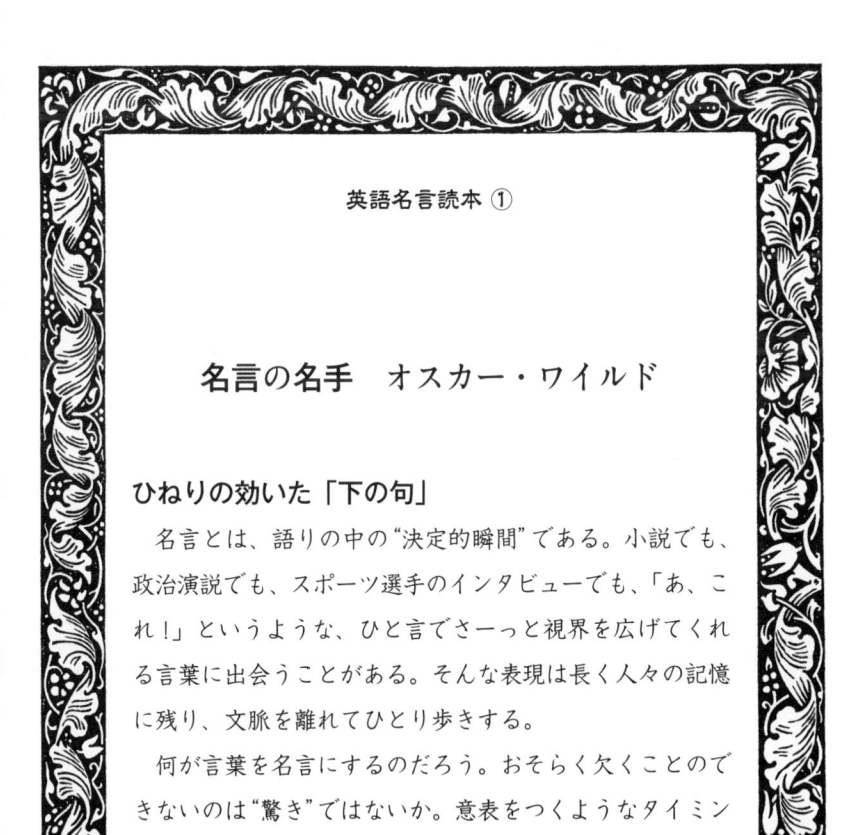

　名言とは、語りの中の"決定的瞬間"である。小説でも、政治演説でも、スポーツ選手のインタビューでも、「あ、これ！」というような、ひと言でさーっと視界を広げてくれる言葉に出会うことがある。そんな表現は長く人々の記憶に残り、文脈を離れてひとり歩きする。

　何が言葉を名言にするのだろう。おそらく欠くことのできないのは"驚き"ではないか。意表をつくようなタイミング。たまたま口に出されたような即興性。すばしっこい短さ。そして、常識を覆すひねり。作家の中には、そういう名言を得意とする人がいる——いかにも名言らしい名言を連発する、"名言作家"と呼びたくなるような人たち。中で

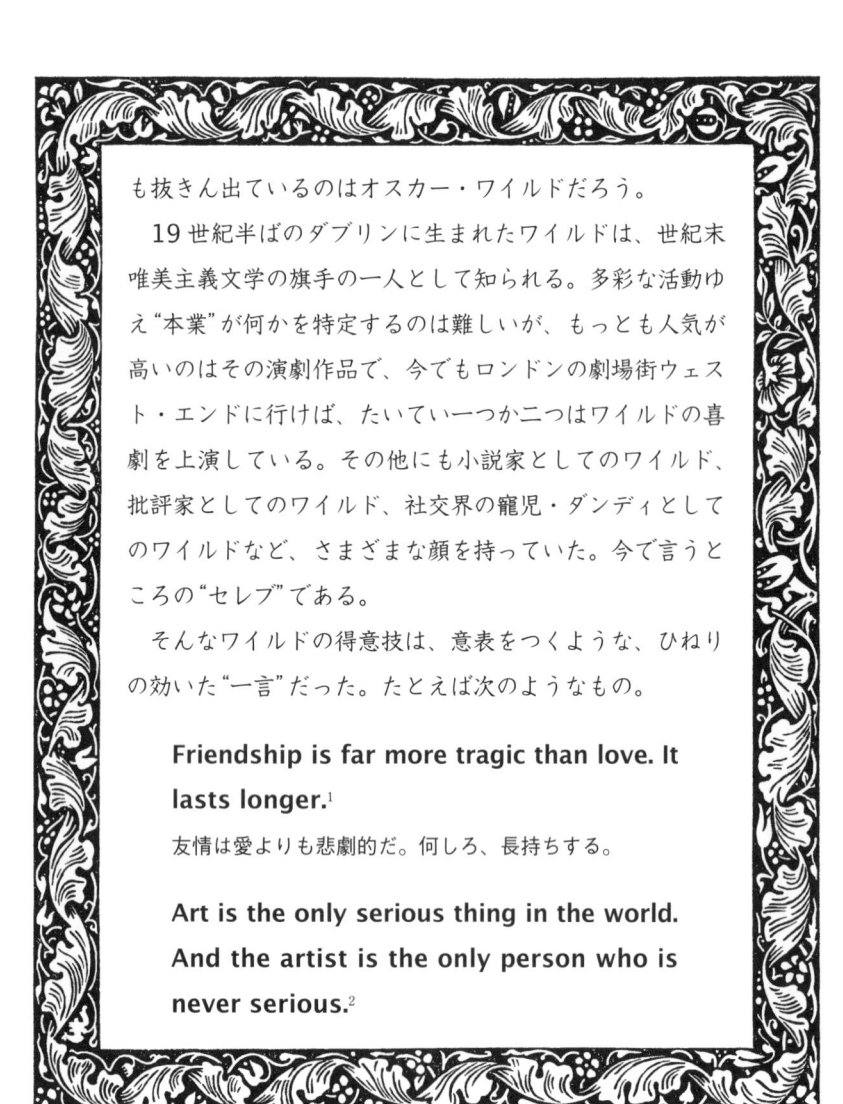

も抜きん出ているのはオスカー・ワイルドだろう。

　19世紀半ばのダブリンに生まれたワイルドは、世紀末唯美主義文学の旗手の一人として知られる。多彩な活動ゆえ"本業"が何かを特定するのは難しいが、もっとも人気が高いのはその演劇作品で、今でもロンドンの劇場街ウェスト・エンドに行けば、たいてい一つか二つはワイルドの喜劇を上演している。その他にも小説家としてのワイルド、批評家としてのワイルド、社交界の寵児・ダンディとしてのワイルドなど、さまざまな顔を持っていた。今で言うところの"セレブ"である。

　そんなワイルドの得意技は、意表をつくような、ひねりの効いた"一言"だった。たとえば次のようなもの。

Friendship is far more tragic than love. It lasts longer.[1]
友情は愛よりも悲劇的だ。何しろ、長持ちする。

Art is the only serious thing in the world. And the artist is the only person who is never serious.[2]

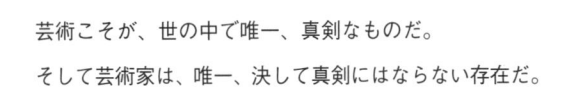

芸術こそが、世の中で唯一、真剣なものだ。
そして芸術家は、唯一、決して真剣にはならない存在だ。

どちらの言葉も、前半はいかにも「ふつう」な気配が漂っている。たとえば友情、愛、悲劇ときたら、まあ何となく言いそうなことは予想がつく。ところが、後半の It lasts longer. で見事にこちらの期待が裏切られる。二つ目も同じで、前半だけ読むと芸術至上主義の人だから、きっと芸術を持ち上げるようなことを言うんだろうな、などと思っていると、さにあらず。

これらは初めから警句（アフォリズム）として書かれたもので、読者に対する一種の挑戦状となっている。謎解きのゲームなのである。前半はいわば"上の句"で、「さあ、このあとはどう来ると思う〜？」とこちらを誘い出す。こちらも先を予想したくなる。しかし、これはワイルドが常識や先入観をうまく利用して仕組んだ罠なのである。だから、後半ではものの見事に背負い投げを食わされる。このような"上の句／下の句"的な構成は、洋の東西を問わず、昔から意味ありげなことを言うときの基本パタンとなってきた

が、ワイルドはそれをぐっと洗練させたのである。

常識を逆手に取った発想

　ワイルドのアフォリズムは、しばしば芝居の台詞や小説の一節にうまく組み込まれている。もともと、この人の作品は緊密な構成美が特徴なのだが、ときにそれが行きすぎ、頭だけで作ったような人工的な印象を与えることがある。しかし、こうした寸言はこの「頭で作ったような人工性」をむしろ逆手に利用する。まじめな顔で真実に立ち向かったり、あるいは情感に沈んだりというおきまりパタンにおさまるかと思いきや、鋭くウィットに富んだスピンをかけられる。油断したところで、ちくりと刺されるわけである。ワイルドが何より才能を発揮したのは、芝居でも小説でも批評でもなく会話だったという話もあるくらいで、即興での話芸に魅力があったらしい。彼にとっての芸術は、"芸"でもあったのだ。

　そんなワイルドのスタイルの根本にあるものをよく示すのは、対話形式で書かれた批評「嘘の衰退」の一部である。

1　名言の名手

Life imitates Art far more than Art imitates Life.[3]
人生が芸術を模倣するのだ、芸術が人生を模倣するよりも。

　文学作品がいかに人生の真実を語っているか、ということはよく話題になる。作家の人生経験の深さや洞察力が問われることは多い。ところがワイルドは、この「人生あっての芸術」という発想をひっくり返してみせる。「小説家は真実など語ることはない、あまりに本物そっくりだと、かえってありそうにないと見えてしまう」とまで言うのである。([Many a young man] ... often ends by writing novels which are so like life that no one can possibly believe in their probability. [218])[4] 芸術至上主義とか唯美主義というと、美のために刻苦勉励し、人生の楽しみを犠牲にしたという印象を受けるかもしれないが、ワイルドのほんとうの持ち味は、むしろ無責任な軽みや、いかがわしさや、嘘っぽさにある。もちろん、真剣な文学、悲しみを語る文学、真実をとらえる文学もあるのだが、た

まには、真剣さだの悲しさだの真実だのといったものをひっくり返すものがあってもいい。それが文学の度量の広さでもある。

　ワイルドの実人生は最後まで軽やかというわけにはいかなかった。一時は当代きってのセレブにまで上り詰めたワイルドだが、同性愛の嫌疑で投獄されてからは凋落の一途をたどる。財産を失い、放浪の果てに病死。さっそうとスーツの胸に薔薇の花を飾っていたかつての"セレブ"は、変わり果てた姿となっていた。それを Life imitates Art. ととらえるかどうかは、読者におまかせということになるだろうか。

注

1　出典は『頭でっかちさんの教育のための金言』(*A Few Maxims for the Instruction of the Over-Educated* [1894], p. 570).
2　同上，p. 570.
3　*The Decay of Lying*, p. 228.
4　同上，p. 218.

2

風刺
読んだふりの構造
ジョージ・オーウェル『一九八四年』

2009年7月にジョージ・オーウェル『一九八四年』の新訳が早川書房より刊行されました。村上春樹の『1Q84』が出てからちょうど二ヶ月ほどたった頃で、確か偶然ではなかったと聞いてますが、『1Q84』の愛読者にとっては嬉しいニュースだったでしょう。

　『一九八四年』は1984年には日本でもとても話題になったものですが、英国でももちろんよく知られた作品です。ただ、この「有名さ」にはちょっといわくがあります。翻訳に付された「訳者あとがき」（高橋和久）によると、『一九八四年』の原著は「読んでいないのに、見栄によるのか礼儀によるのか、読んだふりをしてしまう」人がたいへん多い本とのことで、英国では何と「読んだふり本」なるランキングで堂々第一位にも輝いたことがあるそうです。1983年から84年にかけて、この本はベストセラーリストのトップを走っていたそうですから、飛ぶように売れた原著の多くはほとんど開かれぬまま本棚に眠っているということになります。

　もちろん、読まれないまま眠るというのはベストセラーにありがちな現象ですが、これだけ有名でなおかつ読まれず、皆がこぞって「読んだふり」をして済ますという本も珍しいかもしれません。そもそも本が売れる背景には微妙な市場のメカニズムがからんでいるわけですが、買わせておいてしかも読ませないためには、そこにさらなるひねりが必要となります。ひょっとするとこれは、『一九八四年』にとっては勲章ですらあるのかもしれません。

　この章では『一九八四年』がこれだけよく知られた作品なのに、いったいなぜ読まれないのか、そこにはどのような仕掛け

が隠されているのかといった問いを中心にすえてみたいと思います。この問題から出発することで、「読んだふり」をさせがちな作品ならではの文章の特色が見えてくるとともに、そもそも文章とは何か、文章を通して得られる知とは何かといったことにも考えを進められると思っています。

あなたは本当に読んだのか？

　何と言っても気になるのは、なぜ人が読んだふりをするのかということです。「読んだふり本」の一位に輝くためには、読者の努力だけではなく、作品の協力も欠かせない。つまり、作品の側にも読んだふりをさせるような、読んだふりを誘うような仕掛けがあるはずなのです。

　この問いに対する、ひとつの答えはこうです。その仕掛けはきっと、"読む前からまるで読んだような気になる"という気分と関係するのではないか。読む前から読了感がある。変です。ご飯を食べる前から満腹感があるのと同じ。食事であれば、食べたかどうかを確かめるのに胃の中身をチェックすればいい。本の場合はどうでしょう。読書というのは独特の体験で、何をもって「読んだ」と認定するかは難しいところです。ただ、ひとつの試金石となるのは、読んで何か新しい情報を得たかどうかという点かもしれません。たとえ小説であっても、これはあてはまります。学校の試験などで課題図書をほんとうに読んだかどうかを確かめるために、作品の細部について質問を出すなどということはよく行われます。

　『一九八四年』という小説は、どうもこの点で「ずる」を誘発する仕掛けがありそうに思えます。というのも、この小説はあ

まりに要約可能なのです。タイトルからして内容をそのまま表している。オーウェルはこの作品を1948年に執筆し、翌1949年に出版しています。この作品の設定されている時代が、執筆年である48年をひっくり返した84年だというのもよく知られた事実です。

　48をひっくり返して84——この「ひっくり返す」という行為に注目してみましょう。反転の身振りには、まずは"この世界とは違う別の世界"とか"仮想現実"というニュアンスがこめられます。同時に、"今ではない時代"としての未来という含みもあるでしょう。いずれにしても、この小説に書かれている世界が、作家のどんな意識の産物なのかがはじめから明らかなのです。転覆させたい。反転させたい。現実にあるものを踏み台にした上で、それを転倒させたい。私たちはこうした操作をパロディとか、アイロニーとか、諷刺という言葉で受け取るのに慣れています。こうした操作は現実を批判したり否定したりするのに使われ、そういう意味ではたいへん先鋭でラディカルなものです。でも、出発点はあくまで私たちの見知っている現実です。それを反転させるにすぎない。ということはその限界もはっきりしてきます。[1]

　諷刺にしてもアイロニーにしてもパロディにしても、大前提となるのは、読者と作品とが現実なり常識なりを共有しているということでしょう。それがなければそもそも反転もかなわない。諷刺は英文学の歴史の中でももっとも強力な流れのひとつで、英文学に特徴的なもの、いかにも"英文学的なもの"とも言えますが、諷刺がとりわけ流行したのは理性と秩序への志向が強くなった17世紀から18世紀にかけての時代です。つまり、

動乱と革命の時代の後、王政復古をへて、枠組みを共有しようとする態度が、読者の側でも書き手の側でも強くなった時代。そういう中でこそ、諷刺が有効な装置として重宝されたわけです。

　『一九八四年』は、諷刺という言葉から連想されるような笑いの要素は少ないのですが、諷刺的な作品によく見られる"前提共有"の意識はとても強いと言えます。たとえば作品中の重要な存在であるビッグ・ブラザーが、スターリンもしくはそれに類する独裁者を指しているらしいと読者が理解することは必要でしょうし、テレビとか、盗聴器とか、洗脳など、1948年という時代ならではの"新兵器"もさまざまな箇所で上手に利用されています。原爆や全体主義の恐怖など、当時話題になっていたトピックも頻出する。このような作品世界は、ゼロから築きあげられるというより、すでにある情報に依存する形で、その"改編"として成立するという印象があります。すでに流通している観念が先行し、それを共有することが前提とされた上で、その枠組みの中で作品が組み立てられるのです。

要約と了解

　このような状況は、文章という視点から見ると、どうでしょう。たとえば次の一節は、こうした観念先行的な『一九八四年』の作品世界を代表する箇所だと言えるでしょう。

From where Winston stood it was just possible to read, picked out on its white face in elegant lettering, the three slogans of the Party:

WAR IS PEACE
FREEDOM IS SLAVERY
IGNORANCE IS STRENGTH　　　(6)

ウィンストンが立っているところからかろうじて読めるのは、白い壁面に品のいい字体で刻まれた党の三つのスローガンだった。

戦争は平和

自由は隷属

無知は力

　これは小説の冒頭近くの箇所で、主人公ウィンストンの住む世界がどんなところであるかが示される描写の一部です。真理省 (Ministry of Truth) という、いかにも怪しげな組織の建物に三つのスローガンが掲げられている。これが、巨大帝国オセアニアを支配する「党」のスローガンだというのです。

　スローガンはどれも実に単純な文で、出てくる語も「戦争」、「平和」、「自由」、「隷属」、「無知」、「力」と、ごくふつうのものばかりです。ただ、「戦争は平和である」というように、いずれも通常私たちが反対語と考えそうな言葉を is でつないでいて、たいへんアイロニカルに響きます。いかにも「ね、わかるでしょ？ 変でしょ？」という作家のジェスチャーが感じられます。作品中、この三つの文のセットは何度か繰り返され、最後までその象徴性を保ちつづけます。

　このスローガンは、もし『一九八四年』という小説を読んだふりをしようとするなら、必ず言及しなければならないものだと言えるでしょう。何しろ、きわめて観念先行型で組み立てら

れている『一九八四年』という小説の、その観念のもっとも中心にあるスローガンなのです。これらのスローガンや、同じく頻出する BIG BROTHER IS WATCHING YOU というフレーズなどを覚えておけば、かなりの程度まで、作品を読んだことにしてしまえる、そういう便利さがあります。ということは、逆に言うと、『一九八四年』という作品の購入者の多くに"読んだふり"をさせる要因のひとつはまさにここにあるとも言えるでしょう。このようなスローガンが繰り返し出てきて、しかもそれがちょうどいい具合に『一九八四年』という作品の勘所に触れているからこそ、私たちはこの作品を要約したくなる。あるいは要約的にわかったふりをして、すっ飛ばして読みたくなる。ここから"読んだふり"までは、あと一歩です。

　一般に小説家というのは、要約を嫌うものです。みなさんも「要約できるくらいなら、最初から小説なんか書かねえよ」という作家の台詞を耳にしたこともあるかもしれません。たしかに、一言では言えないような微妙で複雑なものを表現するためにこそ小説というジャンルがあるという考え方は、"常識"ともなってきました。[2]

　でも、そうなると、オーウェルがいったい何をやろうとしているのかということが気になってきます。もしこの作品が、上記の三行のモットーや表紙に掲げられたスターリンそっくりの写真によって要約されてしまうなら、そもそもペンギン版ペーパーバックで300頁にも及ぶ文章を延々と書き連ねる必要はない。

神語りと法の言葉

　このことを考えるために、あらためて先の引用部の言葉の使い方について検討してみたいと思います。あのスローガンは、文章として見ると、どのような特徴を持っているでしょう。まず目につくのは、当たり前ですが、とても短い、ということです。それから、いずれも A is B という構文で書かれている。これはギリシャ神話のご託宣などでおなじみの、"神語り"と呼んでもいいような文体です。簡単かつ単純だけど、愛想がない。神秘的。こちらをよせつけない。権威を感じさせる。「箇条書き」をも彷彿とさせます。[3] 箇条書きについて言えるのは、それが文脈から切り離されてばらばらになっているがゆえに、かえってこちらの内面に文脈の補塡を強いるということです。不明な部分を読者が補って考えよ、というシグナルを出してくる。そのために、文章がこちらの内面に入り込んでくるかのような浸透性が出てきます。そこでは、法的な文章特有の、内面に対する強制力が発揮されます。読んだ人が、「〜しなければならない」と自発的に思うような仕組みが文章にそなわっているのです。

　『一九八四年』のスローガンにも箇条書き的な戒律性があります。何しろこれは神の語りを模した、党からの命令なのです。WAR IS PEACE というのは、一見、ただの叙述で、「〜である」と言っているだけですから、必ずしも「〜せよ」と行為を強制しているわけではないのですが、そこには「〈〜である〉ということをお前は受け入れなければならない」という"押しつけ"が感じられます。

これに加えて忘れてはいけないのが、このスローガンが先行する地の文の間に割って入るように現れるということです。設定としては、あくまでウィンストンを中心にすえた語りの一コマとして、このスローガンが出てくる。でも、頁面のレイアウトにも表れているように、単なる一コマであるはずの引用が、むしろ地の文の流れを乗っ取っているように見えます。

　引用文が地の文を乗っ取るというこの構造は『一九八四年』という小説のあり方を体現しているのかもしれません。地の文が『一九八四年』のふつうに"小説的な部分"を代表しているのだとすると、今の引用箇所はこの作品の"要約的な部分"を示している。このようなパタンは、作品を読み進めていくと、さらにはっきり目につくようになってきます。作品を読めば読むほど、"小説的な部分"が"要約的な部分"に従属するという傾向が強くなってくるのです。その結果として、おもしろいことに、ほんとうにこの小説を読んだにもかかわらず、私たちはこの小説の"要約"にしか接していないのではないかという気にもなってくる。ほんとうに読んだにもかかわらず読んだふりをしているような、まるで犯していない罪を自供しているような、自分で自分を冤罪に追いこんでいるような不思議な気分になってくるのです。

『一九八四年』はほんとうに小説なのか？

　『一九八四年』のストーリー展開は、従来の"小説らしさ"からそれほど逸脱するものではありません。要約しようと思えばできるけど、ストーリーそのものが"要約的"なわけではない。むしろ、書き込まれた細部を読み味わうようにし向ける構成に

なっていて、実際、ウィンストンがジュリアと出会い、少しずつ関係を深めていくあたりは、読者の興味を上手に惹く形で、たいへんおもしろい読み物に仕上がっています。記憶に焼きつくような印象的な場面もいくつかある。

　しかし、このようにふつうに小説的な構成をとっているにもかかわらず、「自分は読んだふりをしているだけなのだ」と読む者に無実の罪を背負い込ませてしまうような何かが『一九八四年』という小説にはある。実に不思議なところです。試しに以下、この作品の粗筋を確認してみましょう。その後で、そのいかにも"小説的"な粗筋がどのように、必ずしも"小説的"とは言えないような観念に従属していくかを見てみたいと思います。

　小説の冒頭は、主人公ウィンストンを取り巻く世界がいかに異常なものであるかをじわじわと描写することに費やされます。一種の異世界体験です。そして、この異常さの中心にあるのは、すでに触れた「戦争は平和　自由は隷属　無知は力」という妙なスローガンです。

　たしかに変な世界です。昨日までほんとうだと思われていた事柄が、突然、歴史から抹消されたりする。戦争していたはずの国が、突然友好国になったりする。ある日、忽然と誰かが消えてしまったりする。おかしいのは世界ではなく、自分の頭なのではないかと思いたくなる。だからウィンストンも、絶えず妄想にとりつかれているような、夢うつつのような世界を生きざるを得ません。作品の文章は淡々としたものなのですが、描かれる現実は、つねにうっすらと靄がかかったような不確実なもので、絶えざる不安をこちらに強いてきます。落ち着かない、危ういものとなっています。

しかし、そんな危うい世界の中で、ウィンストンは一縷の希望を見出します。ジュリアという若い女性と出会うのです。接近してきたのはジュリアの方です。あまりに積極的な彼女のアプローチに、はじめはウィンストンは警戒し身構えるのですが、どうやらジュリアは純粋に恋を楽しみたいだけのようです。ウィンストンを遠くから見初めて、声をかけてきた。

　この出会いに先立ち、三十代の終わりにさしかかったウィンストンが、あちこちに肉体の衰えを感じていることが強調されています。若さの喪失。中年化。あるいは、1940年代ということを考えると初老への入り口という意識さえあるかもしれません。階段を上るのにも息がきれる。足には静脈瘤。

　生命の衰えを痛感しているそんなウィンストンに、いきなり若い女性が言い寄ってくるのです。まさに回春。しかし、このようなロマンスは、当局の監視に引っかかる危険があります。そもそもウィンストンは、別居中とはいえ既婚者です。性について抑圧的なオセアニアの体制のもとでこうした関係に踏み込めば、制裁を受けるのは必至です。そこでふたりは苦労して逢い引きを重ねることになります。都心から遠く離れた田園地帯まで出かけていって、肉体関係を持ったりする。はじめてのとき、ウィンストンはうまく行為ができませんが、その後は機能が回復してきます。

　こうしてウィンストンとジュリアはどんどん関係にのめりこんでいきます。さらにふたりは欲望や反乱についても語り合うようになり、ついに体制を覆す秘密組織への加入を考えるに至ります。しかし、ウィンストンの束の間の「春」はここで暗転することになる。彼らははめられていたのです。反抗組織の活

動家だと思っていたオブライエンは、実は当局の手先だった。ふたりは警察に捕らえられ、おぞましい拷問にかけられることになります。小説の後半部はこれでもかというばかりの拷問シーンの連続で、それが肉体的なものから精神的なものへと及ぶだけに、絶望感はより強烈です。

　——どうでしょう。これだけなら、まあ、ありがちだけど、無事に読みおおせることの可能な、物語らしい物語という印象を受けるかもしれません。しかし、『一九八四年』は、このような粗筋に示されるのとはちょっと違う意味での"要約性"にとりつかれてもいて、それがこの作品の独特の持ち味につながっているように思うのです。

『一九八四年』がほんとうに小説になる瞬間

　『一九八四年』をわかりやすくまとめる助けになるのは、例の「戦争は平和……」といったスローガンや、同じく有名な BIG BROTHER IS WATCHING YOU といったキャプションです。これらの言葉こそがオセアニアという帝国を表す。オセアニアとは、いかにもやさしげにこちらを見守る「ビッグ・ブラザー」がすべてを監視し、支配し、そこから逸脱する者がいとも簡単に抹殺されてしまうような恐怖の国。そこでは戦争こそが平和を維持しており、自由は隷属から生まれ、無知が力の源になる……こんなふうに説明を並べるだけで、『一九八四年』という小説が何をしようとしているのかわかった気にはなります。

　しかし、こうしたスローガンやキャプションの内容を知ることだけが、『一九八四年』の要約しやすさを生み出しているわけではありません。言葉としての作用にも注意しなければなりま

せん。これらの言葉が地の文に割り込む一種の"神語り"として、目に見えない権威を補強していることは前半でも確認しましたが、このような「割り込み」のもたらす作用をもう少し丁寧に見ておくことが必要になります。

たとえばウィンストンとジュリアがオブライエンと面会し、反抗組織への忠誠を誓う場面。オブライエンは次々にウィンストンに質問を浴びせてきます。

He began asking his questions in a low, expressionless voice, as though this were a routine, a sort of catechism, most of whose answers were known to him already.

"You are prepared to give your lives?"
"Yes."
"You are prepared to commit murder?"
"Yes."
"To commit acts of sabotage which may cause the death of hundreds of innocent people?"
"Yes."
"To betray your country to foreign powers?"
"Yes." (175–76)

彼は低い、抑揚のない声で質問をしはじめた。まるでこれがいつもの日課で、教理問答のようなものであり、答えのほとんどはすでにわかりきったものだとでもいうようだった。

「命を捧げる覚悟はあるか？」
「はい」
「人を殺す覚悟はあるか？」

「はい」
「何百という無辜の民を巻き添えにするような破壊工作は?」
「はい」
「外国勢力のために国を裏切るのは?」
「はい」

　地の文でも言及がありますが、このやり取りはどこか機械的で、ふつうの会話における質疑応答とは違って聞こえます。まるで問いと答えとがあらかじめ決められているかのようです。そういう意味ではキリスト教の教理問答(カテキズム)とそっくりで、教理を覚えるための思考の"練習"のようなものとも聞こえる。

　そこであらためて注目したいのが、言葉の明瞭さです。有無を言わせぬとばかりに、意味内容が突きつけられてくる。こんな当たり前のことを強調するのは、引用部分に続く地の文では対照的に、意味内容の不明瞭さこそが描出されているからです。たとえばオブライエンの質問がウィンストンとジュリアとの関係に及んだときのこと。

"You are prepared, the two of you, to separate and never see one another again?"

"No!" broke in Julia.

It appeared to Winston that a long time passed before he answered. For a moment he seemed even to have been deprived of the power of speech.　　　　　(176–77)

「君たち二人は、離ればなれになって二度と会わない覚悟はあるか?」
「ないわ!」ジュリアが割りこんできた。
　自分が口を開くまでにかなり長い時間が経過したようにウィンストン

は思った。しばらくの間は、しゃべる力を失ってしまったようにさえ感じた。

地の文に入った途端に、appeared とか seemed といった語が続き、いかにウィンストンの知覚が曖昧かが示されます。しかも彼ははっきり言葉で自分を表現することができない (he seemed even to have been deprived of the power of speech.)。ウィンストンと世界との間には一枚の膜がはさまったかのようで、どうもすっきりと意味のやり取りが行われないのです。しかし、その曖昧さを突き破るようにして、妙にはっきりした言葉が割り込んでくる、ということになっている。

　こうした"割り込み"は、次のような箇所でより印象的に発生しています。ある意味では作品の芯をなす部分と言えるでしょう。いよいよふたりが禁書とされているゴールドスタインの著書を手に入れる場面です。

A heavy black volume, amateurishly bound, with no name or title on the cover. The print also looked slightly irregular. The pages were worn at the edges, and fell apart easily, as though the book had passed through many hands. The inscription on the title-page ran:

**THE THEORY AND PRACTICE
OF OLIGARCHICAL COLLECTIVISM**

by Emmanuel Goldstein

[Winston began reading.]

Chapter 1.

IGNORANCE IS STRENGTH

Throughout recorded time, and probably since the end of the Neolithic Age, there have been three kinds of people in the world, the High, the Middle, and the Low. They have been subdivided in many ways, they have borne countless different names, and their relative numbers, as well as their attitude towards one another, have varied from age to age; but the essential structure of society has never altered. (188)

重たい黒い本で、作りもつたなく、表の装丁には著者名もタイトルもなかった。印字も少しでこぼこだ。頁は隅がすり切れ、容易にばらばらになる。いろんな人の手を渡ってきたかのようだった。扉には次のように記されている。

独裁的集産主義の理論と実践

エマニュエル・ゴールドスタイン著

(ウィンストンは読み始めた)

第一章

無知は力

有史以来ずっと、そしておそらく新石器時代の終わり頃までさかのぼれるだろうが、世界にいるのは三種類の人々である。高級層、中間層、

低級層である。それぞれが種々の形で分けられ、さまざまな名前を持ち、時代によって数の上での比率や、お互いの関係なども変化してきたが、社会の本質的な構造はまったく変わっていない。

本はくすんで安っぽく、表にはタイトルもないし、印刷の文字も不揃いだという。ところが、実際に本の中で語られる言葉は、ここでもたいへんはっきりしています。力がみなぎってさえいる。本の引用に先立つ地の文が、躊躇するウィンストンのおっかなびっくりな手つきを反映して、薄暗いぼやけた雰囲気を伝えてくるのとはだいぶ違います。

　このような箇所をたどっていくと、この作品にある今ひとつのプロットのようなものが見えてきます。どうやら『一九八四年』という小説で大事なのは、ウィンストンの個人史や、ウィンストンとジュリアの恋の顛末や、拷問をめぐるサスペンスといったいかにも小説的な展開の部分だけではなく、曖昧模糊とした世界に、明瞭なものが割って入ることで表現される"視界鮮明化"の作用のようなものではないかと思うのです。つまり、そこでは絶えず"発見"の物語が語られている。しかし、その"発見"は物語内の出来事として起きるのではなく、むしろ出来事の"停止"や"寸断"として生ずるのです。雑音をいろいろ拾うような、いかにも小説的なやわらかい散文が、堅固で明晰なイデオロギーの言葉によって寸断され圧倒される、その過程を私たち読者が「うわっ」という思いとともに一種の発見として体験する、そのプロセスのすべてが『一九八四年』という作品の骨格をなしているのではないか。もっと言うと、『一九八四年』という作品は、それが小説でなくなる瞬間にこそ作品とし

てひとつの完成に達するということになる。

なぜウィンストンは中年なのか？

　こんなふうに考えてくると、「あ、そういえば！」と思い当たることがあります。主人公のウィンストンの39歳という年齢です。どうしてウィンストンはわざわざ中年男と設定されているのでしょう。そのもっともわかりやすい理由はおそらく、主人公をこのような年齢に設定することで、1984年という年に1948年を思い出そうとすることが可能になる、ということがあるでしょう。1984年に39歳なら、1948年には3歳くらい。だから、かろうじて当時の風景が記憶に残っていたりする。

　たしかに『一九八四年』は記憶をめぐる物語として展開します。かつて妻だった女性の記憶。母の記憶。幼年時代の、別の世界の記憶。オセアニアの戦ってきた戦争の記憶。蒸発した人間たちの記憶。ウィンストンは記憶にとりつかれた人間として描かれます。それも覚えている記憶にとりつかれているのではなく、失った記憶にこそとりつかれている。失った記憶をたぐりよせようとすることが、ウィンストンの人生のモチベーションにさえなっている。しかし、まさにそのような歴史・時間意識ゆえに、彼は思想警察による処罰を受けることにもなります。

　ただ、これが"39歳"という設定にこめられたすべてではありません。もうひとつ大事なことがある。彼は単なる39歳ではなく、39歳であることの"老い"を背負った人物なのです。階段も上れないくらいに体力のない、静脈瘤の浮き出た39歳。だからこそ、彼は思い出すことができないのです。彼が記憶にとりつかれ、必死に忘れつつあることを思い出そうとするのは、

まさに老いた中年として、今までできたことができなくなりつつある危機感に襲われているからでしょう。脳の働きが鈍り、知覚や記憶は衰え、目の前の世界には鮮明さが失われてしまった。つい数年前のこともはっきりとは思い出せない。

　もちろん、『一九八四年』の執筆時、著者であるオーウェルが結核のためにたいへん衰弱していたということも考慮に入れる必要があるでしょう。[4] また、第二次大戦中、空襲におびえていたロンドン市民の心境を、オーウェルが「半麻酔」という言葉で描写しているのも参考になる ('I don't know whether this semi-anæsthesia in which the British people contrive to live is a sign of decadence . . . or whether . . . it is a kind of instinctive wisdom.' [*Collected Essays*, 385])。自身の衰弱や戦争下の人々の心理は、この作家にとっては恰好の材料だったのです。そういうものを元に、老化を感じたり世界に違和感を覚えたりするウィンストンという人物が作り上げられた。これはほぼ間違いないでしょう。しかし、言うまでもなく、それで終わりなのではありません。私たちはそうやってオーウェルが用意してくれたものを、あらためて文章の仕掛けとして読む必要がある。

　そこであらためて気になるのは、"鬱"の作用です。世界が遠く不鮮明に感じられるとか、世界の生々しさを実感できないといった感覚は、英文学の中でしばしば用いられてきた"鬱"の症状を連想させます。ワーズワスからイエイツに至るまでの広い意味でのロマン主義的な詩人は、しばしば感動の欠如や知覚機能停止などからくる疎外感や不安を出発点にして、その克服の軌跡を詩にしていったわけですが、『一九八四年』という小説も、39歳の男の早すぎた老化からくる"鬱"が出発点にあると

いう点ではそれと類似した構成になっているように思えます。"鬱"に伴う重苦しい気分、病の意識、知覚の鈍化、記憶の喪失といった要素が物語のいわばデフォルトとしてあり、それが早すぎた老化であるからこそ、回復の可能性も夢想される。春の再来が、束の間、期待される。

しかし、"鬱"からの回復は晴れやかな気分の広がりによって成就されることはありません。訪れるのはむしろ、激しい鮮明な痛みなのです。"鬱"特有の得体の知れない鈍い苦しみに、明瞭な苦痛が、まるで霞がかったぼんやりした世界から霞を追い散らすようにして割って入ってくる。ときにはその苦痛は、ネズミに目玉を食いちぎられるというようなおぞましいイメージに結晶したりします。

はじめからわかっている"答え"

小説のとくに後半部で目につくのは、物理的な暴力よりも言葉による暴力です。小説の中でもとりわけぞっとするような思いをさせるのは、ふたりきりのはずのウィンストンとジュリアの部屋にいきなり「声」が響くところでしょう。

"We are the dead," he said.

"We are the dead," echoed Julia dutifully.

"You are the dead," said an iron voice behind them.

They sprang apart. Winston's entrails seemed to have turned into ice. He could see the white all round the irises of Julia's eyes. Her face had turned a milky yellow. The smear of rouge that was still on each cheekbone stood out sharply, almost as though unconnected with the skin beneath.

"You are the dead," repeated the iron voice.

"It was behind the picture," breathed Julia.

"It was behind the picture," said the voice. "Remain exactly where you are. Make no movement until you are ordered." (227)

「僕たちは死者だ」と彼は言った。
「私たちは死者」ジュリアは従順に繰り返した。
「君たちは死者だ」二人の背後から冷たい声が言った。
　二人は飛び上がらんばかりに身を離した。ウィンストンははらわたが凍りついたような気分だった。ジュリアの目が見開かれて、虹彩のまわりにはたっぷり白目が見える。顔は白みがかった黄色に染まっていた。両頬にまだ残る頬紅の染みはくっきりと目立ち、まるでその下の皮膚とは無関係のようだった。
「君たちは死者だ」冷たい声が繰り返した。
「絵の後ろから」ジュリアがささやいた。
「絵の後ろからだ」と声が告げた。「そこにいろ。命令されるまで一歩も動くんじゃない」

ここでも例によって"割り込み"が言葉の暴力性をいっそう際だたせているわけで、それが命令の形をとっているのもおもしろい。ただ、何より注目したいのは、この指図が、いぶかるジュリアやウィンストンに対する"答え"の形をとっているということです。つまり"割り込み"の言葉は、ウィンストンの周囲の世界に蔓延する不確かさに対する答えとして、解説として、説明として聞こえてくるようなのです。そういう意味では、それは彼らが自ら招いたものだとも言える。しかし、いくら答えを求

めているとはいえ、彼らはほんとうに答えを与えられるべきなのでしょうか？

　この場面、"It was behind the picture" とつぶやくジュリアの言葉に対し、ほとんどオウム返しのように「声」が "It was behind the picture" と繰り返すというあたりには、答えを期待していない問いに対してなぜか答えが返されてしまったような、下手をすると喜劇寸前に聞こえるような珍妙さがあるように思います。答えを想定していない修辞疑問に答えが返されてしまうような、だぶついた感じがある。しつこい。

　ここに限らず『一九八四年』の中では、すでに言われたことやすでにわかっていること、言わなくてもいいことが、いちいち答えや解説や説明という形をとって提示されています。このような状況は、『一九八四年』という小説における独特な言葉のあり方を示しているのではないでしょうか。問題なのは、答えが出されることそのものではなく、答えが提示されたときの受け取り方なのです。この小説には、問われる前から答えがわかっているという感覚がとても強くある。先に引用した問答のやり取りはカテキズムに喩えられていましたが (as though this were a routine, a sort of catechism, most of whose answers were known to him already)、ここでも「答えがあらかじめわかっている」という言い方がされています。オブライエンによる拷問を受けているウィンストンにもっともダメージを与えるのは、頭の中で何を考えてもオブライエンが先回りして彼の思考を読んでしまうということです。彼は頭の中でさえ、当局の監視から自由になれない、それだけ逃れようがない状況になっているわけですが、考えてみるとこれも、「口に出す前から何をしゃべ

るかがあらかじめわかっている」という意味では、す̇ベ̇て̇が̇あ̇ら̇か̇じ̇め̇わ̇か̇っ̇て̇い̇る̇という状況の一部なのだと言えます。

　鍵になるのは、思い出すという行為なのかもしれません。教理を覚えるために問答を繰り返すカテキズムの訓練が象徴的に示すのは、思い出すということが、あらかじめ知っていることをあ̇ら̇た̇め̇て̇知った気分にするための一種の儀式だということです。この儀式は、ある意味で、知ることをめぐる私たちの限界をも示唆します。私たちはすでに知っていることを知ることしかできないのではないか。

　ゴールドスタインの書物を読んだウィンストンが抱くのも、まさにこのような考えでした。ただ、この時点でウィンストンは、あらかじめ知っていることしか知ることができないことの忌まわしさについては充分にはわかっていないので、むしろ同志を得たかのような興奮にひたっています。

The book fascinated him, or more exactly it reassured him. In a sense it told him nothing that was new, but that was part of the attraction. It said what he would have said, if it had been possible for him to set his scattered thoughts in order . . . <u>The best books, he perceived, are those that tell you what you know already.</u>

(208; 下線引用者)

本はとてもおもしろかった。いや、より正確に言えば、心強く思ったのである。ある意味では新しいことは何もなかったが、そこがまたよかった。本には、もし彼が自分の乱れた思考を整理できれば、彼自身が言ったであろうことが記されていた。(中略)最良の本というものは自分がす

でに知っていることを教えてくれるものだ、と彼は感じた。

　この引用箇所の文章そのものに注目してください。言葉の使い方に関して気づくことがないでしょうか。or more exactly（より正確に言うと）とか、In a sense（ある意味では）といった決まり文句を用いることで、ひとつひとつの文が、その直前に述べられたことの"言い換え"となるように演出されているのです。そもそも"明瞭化"や"からみ"のポーズも、この"言い換え"の演出の一環なのかもしれません。こうした部分から見えてくるのは、『一九八四年』の文章が、文から文への移行のレベルにおいても、どことなく"あらかじめ知っていることしか伝えない"というパタンを意識させる作りになっているということです。文が、あくまで先行する文を繰り返すかのようにして継起する。

　ストーリーの上では、ウィンストンはやがて厳しい現実に直面することになります。すでに知っていることをあらためて知るということは、魅了したり勇気を与えてくれたりするどころか、むしろ絶望の淵に彼を突き落とす。抽象的なイデオロギーの言葉が散文的に世界を切断するととても暴力的に響くけれど、その暴力性のほんとうの由来は、切断そのものより、自分たちがすでに知っていることを再認識しているにすぎないという自滅と閉塞の気分にこそあると言えます。この「すぎない」という感覚ゆえに、登場人物は、そして読者である私たちも、より深い絶望と諦めの境地に追いこまれるのです。

　こう考えてくると、人が『一九八四年』について"読んだふり"をしてしまうということの意味がはっきりしてくるように思います。私たちが、ほんとうに『一九八四年』を読んだ場合

にも、まるで"読んだふり"をしているにすぎないような気分になるのは、この作品の言葉に、「あなたはあなたがすでに知っていることをあらためて思い出しているにすぎないのですよ」という感覚が伴っているからなのです。それが既知の「答え」の割り込みという形で、いやらしい衝撃とともに突きつけられるところにこの作品の持ち味がある。とすると、『一九八四年』を上手に読むとは、「自分は『一九八四年』を読んでなどいない。ほんとうはあらかじめ知っていることをあらためて知っただけなのだ。自分はむしろ『一九八四年』を読んだふりをしているだけなのだ」というような「ニセ読書」の境地に達することなのかもしれません。『一九八四年』を読むとは、『一九八四年』を読んだことを否定することにほかならないのです。

　何ということでしょう。もしこれが『一九八四年』が「読んだふり本」の一位に輝いたことの背景にある真相だとすると、何とも手の込んだ小説だと言わざるを得ません。

注
1 『一九八四年』がどのような現実世界を諷刺しているかについては、これまでもさまざまな批評家がコメントしてきましたが、たとえばオーウェルの伝記の執筆者であるバーナード・クリックは、スターリン・ルーズベルト・チャーチルによる世界の分割から、マスメディアと「大衆」の誕生、全体主義的な権力への渇望など七つの点をあげて、作品の諷刺の対象を整理してみせています (*The Cambridge Companion to George Orwell*, 147)。
2 本書4章を参照。
3 『英語文章読本』10章を参照。
4 『一九八四年』執筆時のオーウェルの体調などについてはクリックを参照のこと (*George Orwell: A Life*, Ch.17)。

ジョージ・オーウェル（1903-1950）

イギリスの作家・ジャーナリスト。インド生まれ。イートン校を卒業後、ビルマの警察官となり、植民地の実態を目の当たりにする。スペイン内戦に共和国側として参加、人民戦線の内部抗争などを『カタロニア讃歌』（1938）で活写した。その後、左翼的全体主義を批判するようになり、スターリン治下のソ連を諷刺した『動物農場』（1945）、言語・思考を含めた生の全体が管理される社会を描いたディストピア小説『一九八四年』（1949）などを発表。

英語名言読本 ②

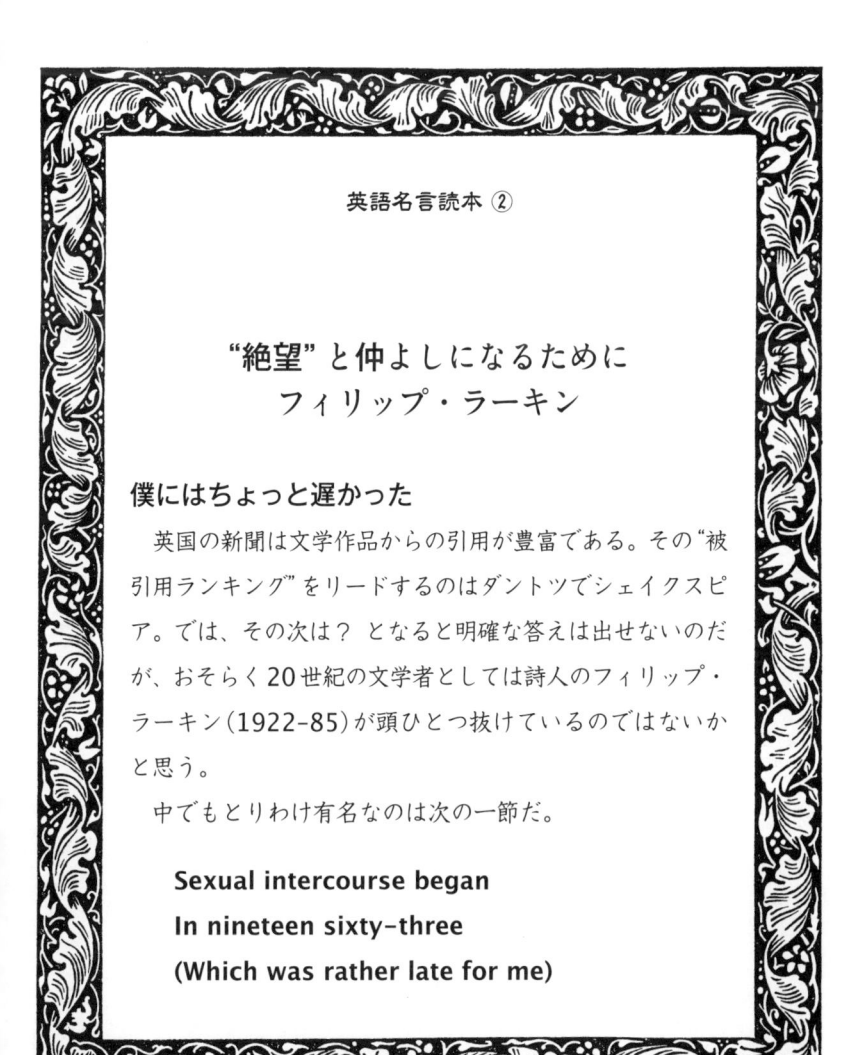

"絶望"と仲よしになるために
フィリップ・ラーキン

僕にはちょっと遅かった

　英国の新聞は文学作品からの引用が豊富である。その"被引用ランキング"をリードするのはダントツでシェイクスピア。では、その次は？ となると明確な答えは出せないのだが、おそらく20世紀の文学者としては詩人のフィリップ・ラーキン（1922-85）が頭ひとつ抜けているのではないかと思う。

　中でもとりわけ有名なのは次の一節だ。

Sexual intercourse began
In nineteen sixty-three
(Which was rather late for me)

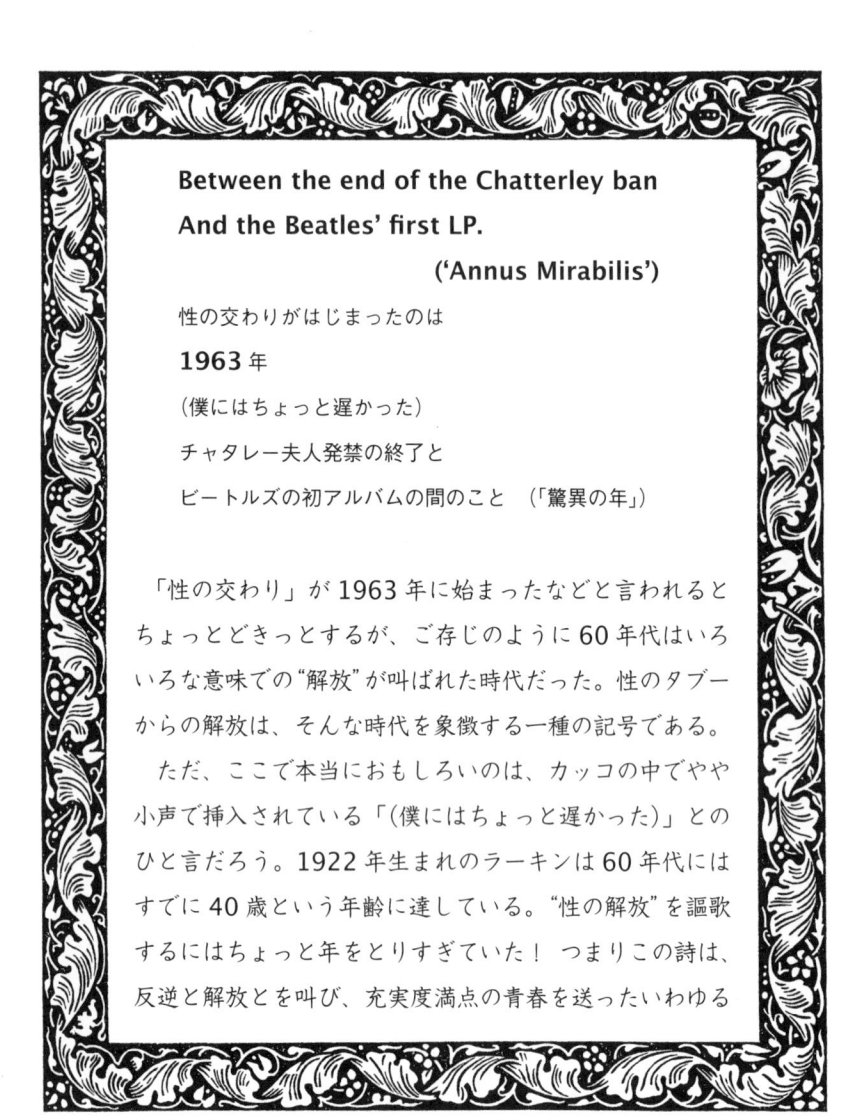

**Between the end of the Chatterley ban
And the Beatles' first LP.**

('Annus Mirabilis')

性の交わりがはじまったのは

1963年

（僕にはちょっと遅かった）

チャタレー夫人発禁の終了と

ビートルズの初アルバムの間のこと　（「驚異の年」）

　「性の交わり」が1963年に始まったなどと言われるとちょっとどきっとするが、ご存じのように60年代はいろいろな意味での"解放"が叫ばれた時代だった。性のタブーからの解放は、そんな時代を象徴する一種の記号である。

　ただ、ここで本当におもしろいのは、カッコの中でやや小声で挿入されている「（僕にはちょっと遅かった）」とのひと言だろう。1922年生まれのラーキンは60年代にはすでに40歳という年齢に達している。"性の解放"を謳歌するにはちょっと年をとりすぎていた！　つまりこの詩は、反逆と解放とを叫び、充実度満点の青春を送ったいわゆる

60年代世代を、忌々しくも、うらやましくも、ねたましくも思っていた"ちょい上"の世代の微妙なスタンスを見事に表現しているのである。

　こうした詩にもよく表れているように、ラーキンの詩では「自分は主役ではない」という斜に構えた気持ちが語られることが多い。そんな態度の背後には、ラーキンの文学的出発をめぐる事情もあった。今では詩人として知られるラーキンだが、もともとは小説家志望。デビューは早く1946年、20代の前半ですでに処女小説『ジル』(*Jill*) を刊行している。すぐ翌年には『冬の少女』(*A Girl in Winter*) を発表するなど、執筆活動は旺盛だった。当時から詩も書いていたが、世の中で名を成すには詩よりも小説というのがすでに英国でも通り相場になっていた。「偉大な小説家になるのだ」というのが若く野心的なラーキンの夢だったのである。

絶望を飼い慣らす

　しかし、創作だけで身を立てることは難しかった。また、自分のような人間には決められた勤務時間のある生活の方

がいいのだ、との認識もラーキンにはあった。こうして彼は筆一本で身を立てるのを諦め、図書館司書としての道を選ぶことになるのだが、その傍らで書き続けられたのが詩だったのである。だからラーキンの詩には、自分自身の限界を思い知ることの挫折感がたっぷりこめられていることが多い。

Life is first boredom, then fear.
Whether or not we use it, it goes
And leaves what something hidden from
  us chose,
And age, and then the only end of age.
              ('Dockery & Son')

人生にはまず退屈があり　それから恐怖
使うと使わないとにかかわらず　過ぎ去っていくもの
後に残るのは　私たちには見えない何かが選んだもの
そして老い　それから老いを終わらせる唯一のもの
              （「ドカリー商会」）

何と暗い詩……何という希望のなさ……。しかし、ラー

キンの持ち味は、こうして行き詰まりや絶望を語り、じたばたしたり自嘲気味にやけくそになったりするポーズを示すことで、絶望を飼いならしていく点にあるとも言えるだろう。たしかにそうなのだ。華やかな夢を見させてくれるような詩もいいけれど、本当に私たちの役に立つのは、人生の逃れようのない暗い部分をきちんと語り、私たちにそれを受け入れる準備をさせてくれるような作品かもしれない。

ラーキンは「ひきがえる」('Toad')という詩の中で、自分には「ひきがえる」が住んでいるのだ、と語っている(For something sufficiently toad-like / Squats in me, too;)。何かやろうとすると、いつもその「ひきがえる」を思い出して、ああ、ダメだ、とがっかりするというのだ。だから、金儲けしようとしても、女の子を引っかけようとしても、うまくいかないとのこと。ここには実に上手に現代人の絶望が描かれている。気が遠くなるような深遠な絶望ではなく、すごく日常的で、かつ閉塞的。内側を覗き込んでみると、必ずひょこっとそこにいやなものが居座っているというのだ。しかし、この「ひきがえる」、どこか愛嬌

もある。語り手も、「やっぱりおれはダメだよなあ」と嘆きつつ、何となくその絶望に安住している気味がある。

　ラーキンが20世紀の英国を代表する詩人とみなされるようになったのは、このような"低空飛行"とでもいうのか、「躁」よりも「鬱」に近いけれどどこか安定してもいる詩が、時代に——そして帝国亡きあとの英国に——ふさわしいと思われたからだろう。ラーキン自身も明確に意識しているが、英国の詩がとてつもなく元気だったのは19世紀初頭のいわゆるロマン派の時代で、その後の詩人たちはロマン派のワーズワスやシェリーの圧倒的な力にいつも気圧されるような思いを抱いてきた。ラーキンの詩はそのようなロマン派コンプレックスを、諦めそのものを精妙に表現することで乗り越えようとするものなのである。

　英国には王室から任命される"桂冠詩人"という称号がある。名誉職のようなものだが、その時代を代表する詩人が選ばれるとされてもいる。実はラーキン、この桂冠詩人になってくれないかとの打診を受けたことがあるのだが、断った。そのあたりが、いかにもこの人らしいのである。

3

技巧
形容詞の時代
ジョン・アップダイク「殺す」

小説を書きたい。だから文章の作法を知りたい。

　文学が読まれなくなったと言われる時代でもそんな希望を持つ人は少なくありませんが、いわゆる「小説らしい文章」について、批評家や編集者といったプロの方々が一致して持っておられる答えははっきりしています。何より大事なのは「描写」。素人は「説明」してしまうという。

　しかし、この描写という言い方は、なかなか曲者です。描写というものに、とくに文法があるわけではない。もちろん作品や作家に固有の、描写の癖のようなものを見つけることはできるでしょうし、多くの文学研究はそこを出発点としてもいるのですが、だからといって、そこで見つけたものを簡単に普遍化することはできません。野心的な書き手であればあるほど、今まで他の人や自分自身がやっていないことを――やっていない方法をこそ――試してみるものでしょうから。

　ただ、描写についての通念のようなものが存在しないわけではありません。どんな小説にも描写は欠かせませんが、中には、いかにも描写らしい描写を見せつける作品というものがあります。そこで本章では、「いかにも描写らしい描写」が特徴と思える文章をとりあげ、その「いかにも」がどのように仕組まれているかを考えてみたいと思います。題材にするのは、ジョン・アップダイクの短篇「殺す」です。本章ではとくに形容詞の使い方に注目してみます。

形容詞で書く

　「殺す」は、輝くばかりの技を駆使した作品です。これでもかとばかりに、作家の技量を見せつけている。こんなに見事だと、

3　形容詞の時代

むしろ嫌味に感じる人もいるかなと思うほどです。子供の頃にこういう作品に出会ったら、小説観が偏るかもしれない。

なぜ、それほど見事なのか。からくりは簡単です。これは、見事に見える小説なのです。作家の腕というものは、作品が短ければ短いほど、出来事が少なければ少ないほど、そして内容が平凡で、登場人物が凡庸であればあるほど際立つのです。この作品はこのすべての条件を満たしています。

書かれているのは、私たちの誰に起きても不思議はない、実に身近なふたつの出来事です。ひとつは親の死。それから離婚。しかし、平凡ではあっても、多くの人にとってこれらが人生の一大事であるのも間違いない。

このような出来事について、その平凡さを取り消さないまま、その一大事らしさを表現するにはどうしたらいいか。もちろん肉親の死や離婚を素材にした、スリリングで、ミステリアスで、あっと驚くようなプロットを考案することは可能でしょう。しかし、筋書きに頼るようなやり方でではなく、むしろ筋書きの平凡さを徹底的に見せつけながら、いかにそれが一大事であるかを示すことができたとしたら、読者は「お見事！」と拍手を惜しまないのではないでしょうか。「殺す」はそんな小説です。

アップダイクがうまく利用しているのは形容詞です。出だしの文にすでに「この作品は形容詞で行きますから」というメッセージが読めます。

Anne's father's hand felt warm and even strong, though he lay unconscious, dying.　　　　　　　　　　　　**(13)**

アンの父親の手は、本人にはもう意識がなく死にゆこうとしているのに、温かく力強かった。

主人公のアンは、年老いた父親の死に直面しています。容態はだいぶ悪く、先はもう長くない (unconscious, dying)。でもその手には温度が感じられ、力強ささえあるという (warm and even strong)。ごくふつうの文にも見えますが、勘所は、死にかけているのにかえって生気があるという状況が、〈unconscious, dying〉vs〈warm, strong〉という形容詞（もしくは形容詞用法）のぶつかり合いとして表現されているということです。作品を読み進めていくとこのような形容詞の使い方の重要性がよりはっきりしてきます。

　アンの父親は法律家でした。しかし、そういう表の顔の裏側にあるものを、アップダイクは実に精妙に明らかにしていきます。そこで用いられているのが、名詞や動詞を形容詞へと分解していくような語り口です。

His breath stank. The smell from the parched hole that had been his mouth was like nothing else bodily she had ever smelled—foul but in no way fertile, an acid ultimate of carnality. Yet the presence was still his; in his unconscious struggle for breath, his gray face flitted, soundlessly muttering, into expressions she knew—the helpless raised eyebrows that preceded an attempt at the dinner table to be droll, or a sudden stiffening of the upper lip that warned of one of his rare, pained, carefully phrased reprimands. (13)

父の息は臭かった。かつて口であったけれど、今や干涸びた穴にすぎないものから匂ってくるのは、それまで嗅いだことのあるどんな体の匂いとも異なるものだった。腐っていても決して肥沃ではない、酸っぱさにまみれた究極の肉体性。でも、それはやはり父だった。意識もないまま呼吸をしようと喘ぎ、土気色の顔が左右に揺れつつ音もなく何かをつぶやき、見たことのある表情へと変わる——夕食の席でおどけてみせようとして、まず困ったようにつり上げられる眉、めったにない、あの辛そうで慎重に言葉を選んだ、叱責があるぞと警告する急な上唇のこわばり。

父親の息が匂う。臭い、という。はっとする言い方です。でも、現実とはそういうものかもしれません。人間は「臭い」。法律家であっても、父親であっても、あるいは夫であっても、自分を捨てた男であっても、頭で整理できる枠組みからにじみ出すようにして、まるで匂いのようにしてわき出してくるものがある。

ぐにゃぐにゃを語る

この「にじみ出し」の感覚は、ちょうど文の構造とパラレルになる形で表現されています。文は名詞と動詞によって骨組みをつくるものですが、その隙間にさまざまな修飾語が入ってくる。いつの間にかそうした修飾語が増殖して、まるでにじみ出すように語り始めることがある。引用箇所でも、そうした傾向があらわになっています。His breath stank. という簡潔な〈主語＋動詞〉の文で示された凝縮感が、ふたつ目の文から後、だんだんとほどけていく：The smell from the parched hole that had been his mouth was like nothing else bodily she had ever smelled—foul but in no way fertile, an acid ultimate of carnality. 今までにかいだことのない匂いで、言葉にし難いという。おもしろいのは、「言葉にし難い」と言いつつも、人はそういうときしばしば「〜な」と形容詞的な言葉にするということです。この一節でもそうなっています。nothing else bodily she had ever smelled とは、ほとんど引き比べが不可能だということなのでしょうが、その解決策は foul but in no way fertile という形容詞の組み合わせなのです。その次の an acid ultimate of carnality というこんがらがった言い方でも、ultimate とか carnality といった語があまりに抽象的で多くを意味しない一方、acid という形容詞は強いインパクトを持っています。名詞が役に立たないからこそ、形容詞がぐっとせり出してくる、そんな状況だと言えます。

　その次の長い文でも、名詞や動詞より修飾語が目立っていくような流れができています：Yet the presence was still his; in his unconscious struggle for breath, his gray face flitted, soundlessly muttering, into expressions she knew—the helpless raised eyebrows that preceded an attempt at the dinner table to be droll, or a sudden stiffening of the upper lip that warned of one of his rare, pained, carefully phrased reprimands. 最初に主語・動詞を提示しておいて (the presence was still his)、セミコロンの後に、さらにはダッシュの後にと、補足という形で延長されていく文になっています。このような補足そのものが修飾語的で「にじみ出し」を感じさせるのですが、さらにそうした構文の要所で、下線部で示したようなちょっとした形容詞が文の方向を変え、描写の行方を示します。最初の in his unconscious struggle for breath などは、その効率の良さが印象的です。unconscious という語がこのタイミングで挿入されることで、単に父親が病のために意識不明であるだけでなく、意識を超えたレベルで最後の生命力を発揮してもいて、それが彼のより本質的な部分、つまり法律家という職業からはうかがえないような、野蛮で本能的でたくましい何かを見せることにもつながっているのが示される。しかも、そうした本能の露出が、本人の意図しないものであるだけに制御不能でもあり、娘からすると、たいへん厄介な存在感をつきつけられた気分にもなる。このようにたったひとつの語で多くを語る手際よさは、たいへん小気味いいものです。その次の helpless や sudden といった形容詞も、別になければないで意味はつながるのですが、ひとたび挿入されると、潜在的にあった文意がたいへんシャープに伝わることになります。

　修飾語がこうして語りの主導権を握っていくあたりに、小説的文章のひとつの典型があると言えるでしょう。形容詞が、名詞と動詞による構文を乗っ取る。登場人物とプロットによる語りが、どこかからにじみ出してくる「匂い」に覆われていく。小説的文章の描写とは、概念や理性では整理できないぐにゃぐにゃしたものを、ぐにゃぐにゃしたまま表現するものです。ふつうの言葉では言えないもの。名詞と動詞を中心とした文のシステムには回収しきれないもの。そういうものを、「言葉にならない！」と嘆きつつかろうじて口にしていく、そのアップアップの感覚が描写の緊張感を生むのです。紋切り型の表現をつらねて惰性で書かれた文章であれば、私たち読者だってわざわざ丁寧に読もうという気にはならない。

近代散文と「主語の抑圧」

　人が語っている最中に、「ああ、だめだ、とても言葉では表せない！」と絶句するのは珍しいことではありません。「とても語れない」と宣言しながら語りつづけるという矛盾した仕草は、私たちのふだんの日常会話でも、詩や小説でもお目に掛かるものです。古典以来のレトリックにも、aposiopesis「話中頓絶」と呼ばれるものがあるくらいで、おそらく人間の言葉の歴史の中では、「語れない！」と絶望することによってこそ語るという方法は普遍的なものなのでしょう。

　では、「言葉にならない！」とばかりに進退窮まった語り手が、形容詞を中心とした修飾語に訴えがちなのはなぜなのでしょう。形容詞は元々、文の意味の確定においては絶対ではなく、あくまですでにある骨組みに後から乗っかるものです。形容詞とは余剰物であり、優先順位の低いものであり、気まぐれで、入れ替え可能で、場合によっては不必要でさえあるもの。私たちは形容詞を正面から見るわけではない。あくまで名詞とのコンビネーションで見る。横目で見ている。しかし、だからこそ、その使い方次第では正面から語ったのでは言えないことが言える。それが形容詞なのではないでしょうか。正面切っては言葉にならないようなものを、背後からまわりこむようにして、あるいは横に押し出しながら、まさににじみ出させるようにして語ることができる。

　だから、一見苦し紛れに見える「言葉にならない！」というジェスチャーも、必ずしも語り手の控えめさや弱さを示すわけではないのです。むしろ、そのような仕草には、語り手の言葉の方法が表れている。たとえば「殺す」の先の引用箇所は、最

後は修飾語の羅列で終わっています：. . . that warned of one of his rare, pained, carefully phrased reprimands. reprimands という名詞にたくさんの修飾語がよりかかっているのがわかるかと思います。アンバランスにさえ見える。英語ではこのような場合、どのような処理がされてきたでしょう。名詞にたくさんの修飾語がつく表現。たとえば『失楽園』の地獄の描写は次のようです。

At once as far as angels' ken he views
The dismal situation waste and wild:
A dungeon horrible on all sides round
As one great furnace flamed yet from those flames
No light but rather darkness visible
Served only to discover sights of woe,
Regions of sorrow, doleful shades, where peace
And rest can never dwell, hope never comes
That comes to all but torture without end
Still urges and a fiery deluge fed
With ever-burning sulfur unconsumed.

(第1巻 **59–69** 行目)

天使に能う限り広く見渡すと
たちまち目に入るのは荒れてすさんだ陰惨な光景
四方八方をぐるりと大きな牢獄が囲む
まるで巨大な炉に炎が立ち、しかしその炎からは
光りではなく可視の闇が広がるかのよう
そこに見えるのは苦しみの風景、
悲しみの域、陰鬱な陰ばかり。平穏も
休息も訪れることのない、誰にでも来るはずの希望もなく

際限なくつづく業苦と
燃え続け尽きることのない硫黄により
かきたてられたあふれる炎とが猛威をふるっている

　描かれているのは、地獄に堕ちた魔王が目にする光景。その壮絶さが、過剰なほどの修飾語によって描写されています。とくに下線を引いた箇所には、悪名高きミルトンのラテニズム、つまり前から後ろから名詞をサンドイッチするようにして形容詞がつく語法が見られます。まさにミルトン以来の英文学の、「形容詞の系譜」の起源を成すようなスタイルです。

　しかしこうした箇所、一見、形容詞の優位を示すかもしれませんが、修飾語の羅列の中心には、天上へと、あるいは奈落の底へと突き抜けるような名詞があります（ここでは dungeon, furnace, darkness, torture, sulfur など）。ここで文にしっかり重石が置かれる、それが構文上の鉄則です。形容詞はあくまで脇役であり、形容詞によって引き立てられた先には、名詞がしっかりと立っている。形容詞は名詞に従属し、勢いづけの役に徹するのです。

　これに対し、アップダイクからの引用では、先行する修飾語に比して最後の reprimands（「お叱り」）という名詞は、堂々たるどころかあっけないほど矮小です。子供たちに小言を言う父親の姿。しかも、めったに叱らないから (rare)、本人の方が困ったふうでもあり (pained)、神経質なほどに言葉を選ぶことになる (carefully phrased)。いじましいほどです。

　ここでは明らかに、出来事そのものよりも修飾語こそが語りの中心となっている様が見てとれます。父親が何をしたかより

も、そのときの様子、そのときのぎこちなさが表現されている。一見勢いのいいような形容詞の連鎖があっけなく矮小な名詞で終わるアンバランスと、叱るつもりでかえってぎこちなくなる父親の格好悪さとがパラレルになっている。ここでは、父親という名詞よりも、「いかに」を表現する形容詞のほうが前に出ているアンバランスが示されていると言えるでしょう。

　近代の散文は、多量の形容詞が名詞に従属するという、ミルトン的な文法関係を突き崩してきたのです。もはや名詞が君臨することは許されない。しかもこれは単なる些末な文章作法にとどまる問題でもなかった。近代の散文は、登場人物（＝名詞）の屹立を許さないことで世界との新しい付き合い方を提示したとも言えるのです。修飾語に対する登場人物やその行為の優位を奪い、むしろ修飾語が文の主導権を乗っ取るという流れ——究極的にそれが意味するのは、登場人物の存在や出来事の展開よりも、語り手の語り口こそが書き手の書き所となり、読み手の読み所となってきた、ということです。登場人物の壮大さや偉大さではなく、その矮小さや凡庸さこそを語ってしまう「殺す」の語り手は、こうした流れの中では典型的な近代散文の語り手だと言えるかもしれません。

華麗なる「性」描写

　「殺す」は主人公アンのある葛藤で始まります。死にかけている父親を住み慣れた施設から病院に移すかいなか。

　アンの決断はノーでした。病院の設備がなければ、父の死はわずかとはいえ早まることになるでしょう。だから、アンのこのノーの決断は、父を「殺す」という意味を持つ。それがタイ

トルの killing の第一義的な意味です。

　自分は父を殺すのだ、というアンの罪の意識は作品の通奏低音をなします。やがて父は亡くなる。元夫が葬式に来る。気まずい。平凡でありふれた物語です。しかし、このような紋切り型の「罪の物語」や「離婚の顛末」からあふれにじみ出てくるものがある。アップダイクの描写のターゲットは、そこです。

　この小説中、もっとも見事な形容詞が出てくるのは次の箇所です。

Dying, her father had become sexual. Her mother no longer intervening, his manhood was revealed. For a time, after she died, Anne and Martin had thought to have him live with them. But, the first night of his trial visit, he had woken them, clearing his throat in the hall outside their bedroom. When Anne had opened the door, he told her, his face pale with fury, the top and bottom of his pajamas mismatched, that no one had ever hurt him as she had this night. At first she didn't understand. Then she blushed. "But, Daddy, he's my husband. You're my father. I'm not Mother, I'm Anne." She added, desperate to clarify, "Mother died, don't you remember?"

The anger was slow to leave his face, though the point seemed taken. His eyes narrowed with a legal canniness. "Allegedly," he said.　　　　　　　　　　(18–19)

　死につつある今、父は性的だった。母の邪魔も入らず、父の男らしさが露わになった。母が死んでからしばらくは、アンとマーティンは父を引き取ることを考えていた。しかし、はじめて試しに父を家に呼んでみた日の夜、父は寝室の外の廊下で咳払いをして二人を起こした。アンが

扉をあけると、父は怒りのあまり顔面蒼白で、パジャマの上下もばらばらのまま、自分をこんなひどい目に合わせたのは今晩のお前がはじめてだと言った。はじめ、彼女は何のことかわからなかった。それから顔を赤らめた。「でもね、パパ、この人はあたしの夫よ。あなたはあたしの父親なの。あたしはお母さんじゃないのよ。アンよ」それから、何とかわかってもらおうと付け加えた。「お母さんは死んだのよ。覚えてないの?」

怒りはなかなか顔から消えなかった。いちおう納得はした様子だった。父はいかにも法律家らしい用心深い目をして、「そういうことになってるな」と言った。

冒頭の Dying, her father had become sexual. は思わず読み返してしまう文でしょう。なぜ死にゆく父が sexual なのか。気になります。段落はこのちょっとした謎に答えを与える形で展開する。年取って認知症の症状を見せ始めた父が、娘を妻と勘違いし、さらにその妻が自分の前で堂々と別の男と同衾していると勘違いする。それを sexual「性的」と形容し、むしろ父親の「男」の露出ととらえたわけです。この不意をつくような語の選択と、まさに言い得て妙という精妙さとに、思わず「いやあ」と感心します。たったひとつの形容詞で流れをつくるあたりも憎い。作品全体を通して形容詞の優位が強調されているから、このように形容詞に大きな負荷をかけても不自然にならないのでしょう。

もっと見事なのは引用の最後の方で出てくる allegedly という語です。辞書では「申し立てによると」といった訳語があてられる語です。According to などとは違い日常会話ではふつう口にしないし、日本の学校英語でも習わないと思うのですが、

意外と耳にする機会はある。報道番組などで多用される言葉だからです。事実かどうか定かでないときに、「〜と言われている」というニュアンスで使われる。多分に法廷的な用語とも言えます。

　認知症の進んだ父親が、娘を妻と取り違え、その間違いを正されると、「まあ、そういうことらしいけどな」とばかりに猜疑心を捨てないでいる。「お前たちはそう主張するつもりらしいが、ほんとのところはわからんさ」と言わんばかり。そう言うこと自体何ともおかしいのですが、そこに、法律家であった本領を発揮した父が、allegedlyという一語を選択したところがなかなかなわけです。名詞ではなく、本来は形容詞と同じくらい、あるいはそれ以上に引き立て役にすぎないはずの副詞を、このように決定的な箇所で使ってみせる。この一語に何と複雑なニュアンスがこめられていることか。

　名詞ではなく修飾語で語るというこの作品の特長が、ここでも「にじみ出してくるもの」をうまくすくいあげていることにつながっています。混沌として虚実のはっきりしなくなった登場人物の現実感を、その朦朧とした曖昧さをとらえつつ表すには、正面からかちっとした名詞＋動詞の構文にあてはめるよりも、このように副詞一語というどうにもおさまりの悪い中途半端さで表現する方がいい。しかも、その語が法律的な硬さをほのめかしもするわけですから、ずいぶんひねりが効いています。

　さて、このように死にゆく父親は娘に対し思いがけず「性」を露出するわけですが、これが元夫の「性」とも結びつくというあたりがこの作品の山場ということになります。「殺す」のいかにも見事な部分を話題にするなら、とくにその修飾語の技術

3 形容詞の時代

に焦点をあてるなら、結末部を引用しないわけにはいかないでしょう。父の葬式の日、元夫のマーティンはアンの家に泊まっていくことになります。ベッドの数が足りないから、マーティンとアンとは同じベッドに寝ることになる。現在別の女性と暮らしているマーティンは、「君と違ってハリエットと一緒だとよく眠れるんだ」などということを言います。ベッドの中で、してもいい、という素振りをアンは見せますが、マーティンはそれを断る。アンも実はほっとしています。そのかわり、アンはあることをするのです。その場面が実にいい。

"You do something to the bed that makes me nervous. You always did. With Harriet I have no problem. I sleep like a baby."

"Don't tell me about it."

"I'm just reporting it as a curious physiological fact."

"Just relax. Re-lax."

"I can't. Evidently you can. Your poor father's being dead must be a great relief."

"Not especially. Lie on your back."

He obeyed. She put her hand on his penis. It was warm and silky-small and like nothing else, softer than a breast, more fragile than a thought, yet heavy. Together, after a minute, they realized it was not rising, and would not rise. For Martin, it was a triumph, a proof. "Come on," he taunted. "Do your worst."

For Anne it had been, in his word, an experiment. Among her regrets was one that, having held her dying father's hand so continuously, she had not been holding

it at the moment in which he passed from life to death; she had wanted, childishly, to know what it would have felt like. It would have felt like this. "Go to sleep," someone was pleading, far away. "Let's go to sleep." (26)

「君がいると、何だか寝床の具合がおかしくなる。いつもそうだった。ハリエットだと大丈夫なんだ。赤ん坊みたいに眠れるよ」
「そんな話、聞きたくないわ」
「不思議な生理現象だなと思って、お伝えしただけさ」
「力を抜いてみて。すーっと。」
「無理だよ。君は大丈夫みたいだな。お父さんが死んで、ずいぶんほっとしたんだろ」
「そんなことないわ。仰向けになったら」

　マーティンはその通りにした。アンはマーティンのペニスに手をおいた。暖かく、小さくてすべらか。こんなもの他にない。胸よりやわらかく、ふとした思いつきよりも脆弱で、でも重い。ひとときの後、二人ともそれが起き上がってこないのがわかった。起き上がりそうな気配もない。マーティンにとっては、それは勝利だった。いい証拠だ。「どうだ」彼は挑んできた。「やれるものならやってみな」

　アンにとっては、彼の言葉を借りれば、それは実験だった。悔やんでいたことがあったのだ。死んでいく父の手をずっと握っていたのに、まさに彼が生から死へと旅立つときには握っていなかった。どんなふうなのだろうという子どもっぽい好奇心があった。きっとこんなふうだったのだろう。「おやすみ」誰かがはるか遠くで言っている。「さあ、おやすみ」

マーティンの性器は softer than a breast, more fragile than a thought, yet heavy と描写されます。そのぐにゃっとして立ち上がらない自分の性器に、マーティンが「ほら見ろ」とばかり

に triumph「勝利」を感じるというあたりも皮肉が効いていますが、アンがそこに「男の死」を感じ、父の最期をとらえた気分になってほっとするというあたりはもっとすごい。通俗的な性描写にありがちな官能や感傷は封印され、もっと微妙な領域に言葉が達しようとしているのです。yet heavy というためらいがちな言い方はたいへん示唆的です。

　名詞のようにハードでもなく、動詞のように激しくもない。形容詞の本領は、やわらかくとらえがたいものを描けるということでしょう。そういう意味でも、形容詞中心で書かれたこの作品が、It would have felt like this. というふうに「それ」の明示を避ける形で終わるのは必然です。「にじみ出す」ものを追求しつづけた語りは、ぐにゃっとしなったマーティンの性器のように、男性的な屹立の後に残された、不定形で得も言われぬ非言語的なものを置き土産にするのです。

注
アップダイク短篇作品の解説として典型的なのは、次のようなものです：Basically, there is only one plot outline: the stories register the infinitesimally small mental adjustments which allow the protagonist to find a vantage point from which the intensely studied shards of his life begin to make sense and reality becomes not only bearable but strangely enchanting. (Versluys, 30)。こうした作風については、「二十世紀後半のアメリカ文学で最大の作家」(若島正 11)と評価する声がある一方で、あまりに華麗な文体と内容とのギャップを問題視する見方もあります。Versluys の論考は、そうした文体と内容との不均衡をアップダイクなりの戦略ととらえています。

ジョン・アップダイク (1932–2009)

アメリカの作家・詩人。雑誌『ニューヨーカー』のスタッフ・ライターを経て、作家になる。白人の平凡な日常生活を繊細で詩的に洗練された筆致で描く作風で知られるが、宗教色も濃い。『走れウサギ』(1960) に始まり、10年刻みで発表された〈ウサギ〉四部作は、中流白人から見たアメリカ20世紀後半の年代記となっている。リアリズムを離れた実験的・神話的作品も多く残した。代表作に長篇『ケンタウロス』(1963)、『カップルズ』(1968)、短篇集『鳩の羽根』(1962)、エッセイ集『一人称単数』(1965) など。

英語名言読本 ③

恋愛について考えてみませんか？
ジェイン・オースティン『高慢と偏見』

恋愛の作法

　イギリス小説の母と言われるジェイン・オースティン (1775-1817)。その代表作と言えば、映画やドラマでもおなじみの『高慢と偏見』である。主人公エリザベス・ベネットがダーシーと結ばれるまでの紆余曲折を描いた作品だが、個性の強い脇役やひねりの効いたサブプロットなど、ほかにも読みどころはたっぷりで、200年も前の小説とは思えない新鮮さがある。

　とりわけ注目に値するのは、登場人物たちによって口にされるさまざまな恋愛論の応酬だ。もともとイギリス小説の源流のひとつは、いわゆる"お作法の本"(conduct manuals)だった。礼儀作法や言葉の使い方にはじまり、

料理のつくり方、病気の治し方、男女の付き合い方、結婚相手の見つけ方と、18世紀はまさにお作法本の黄金時代。そういう中で、金持ちの男性を上手に"ゲット"する女性の教訓話が近代小説のモデルとなったと言われる。そういうこともあって初期の小説のところどころに、恋愛をめぐる"理論"が散りばめられているのだ。

『高慢と偏見』の中の飛び抜けた「理論派」と言えば、主人公エリザベスの親友シャーロット・ルーカスである。たとえばエリザベスの姉ジェインの引っ込み思案ぶりを目にして、「その調子で同じように相手から自分の気持ちを隠していたら、その人を射止めるせっかくの機会を逃してしまうのよ」(If a woman conceals her affection with the same skill from the object of it, she may lose the opportunity of fixing him.)なんてことを言ったりする。しかもシャーロットのこんなセリフの背後にはしっかりした"理論"がある。

... there are very few of us who have heart enough to be really in love without

3 恋愛について考えてみませんか？

encouragement.
向こうからの促しなしで相手をほんとうに好きになれる人はきわめて少ない。

そう。だから、相手の恋心を促すためにも、自分の気持ちを隠しちゃだめ、ということになる。そういう議論を踏まえて、理論家シャーロットはさらにこんなことを言う。

In nine cases out of ten, a woman had better show *more* affection than she feels.
十中八九言えることだけど、女性は実際に感じている以上の気持ちを見せた方がいいのよ。

なるほど。しかし、話はだんだん極端になってきたようでもある。これって、ほんとにいいのでしょうか。きわめつけはこのセリフだ。

When she is secure of him, there will be leisure for falling in love as much as she chooses.
しっかり彼を確保してから、いくらでも恋に落ちるヒマ

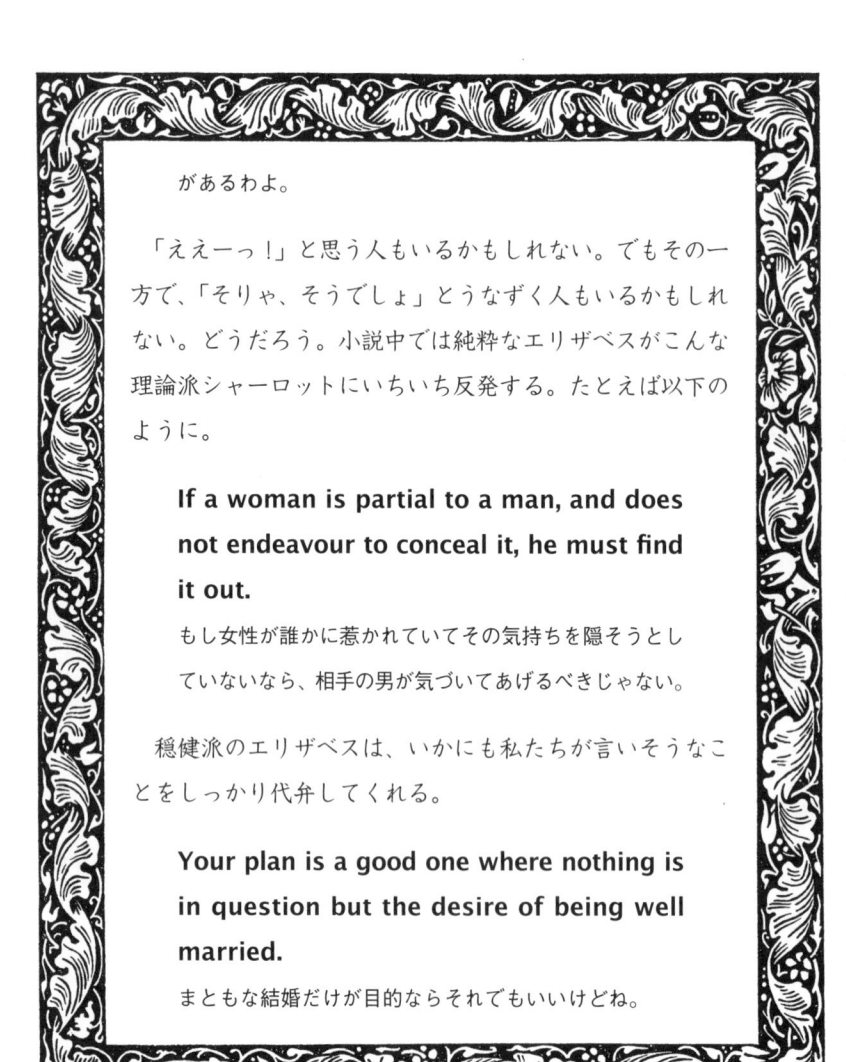

があるわよ。

「ええーっ!」と思う人もいるかもしれない。でもその一方で、「そりゃ、そうでしょ」とうなずく人もいるかもしれない。どうだろう。小説中では純粋なエリザベスがこんな理論派シャーロットにいちいち反発する。たとえば以下のように。

If a woman is partial to a man, and does not endeavour to conceal it, he must find it out.
もし女性が誰かに惹かれていてその気持ちを隠そうとしていないなら、相手の男が気づいてあげるべきじゃない。

穏健派のエリザベスは、いかにも私たちが言いそうなことをしっかり代弁してくれる。

Your plan is a good one where nothing is in question but the desire of being well married.
まともな結婚だけが目的ならそれでもいいけどね。

結婚生活のコツ

　そういうことなのだ。エリザベスは「結婚」以上のものを求めている。私たちだってそうだろう。「やっぱり好きにならないと……」なんてなかなか恥ずかしくて口にできないかもしれないが、「いくらでも恋に落ちるヒマがあるわよ」とまで言われると引いてしまう。

　ところがシャーロットはそんなエリザベスに対し、まだまだあんた青いわね、とばかりにどんどん鋭利な言葉を突きつけてくる。シャーロットによれば、「結婚生活が幸せかどうかはまったく運次第」(Happiness in marriage is entirely a matter of chance.)。また、「相手の性格があらかじめわかっていたとしても、あるいはお互いに共通性があったとしても、そのおかげでふたりが幸福になるなんてことはさらさらない」(If the dispositions of the parties are ever so well known to each other, or ever so similar beforehand, it does not advance their felicity in the least.)。

　なるほど。さすが理論派だけあって、弁が立つ。言い負かされそうだ。エリザベスが、あくまで相手の性格

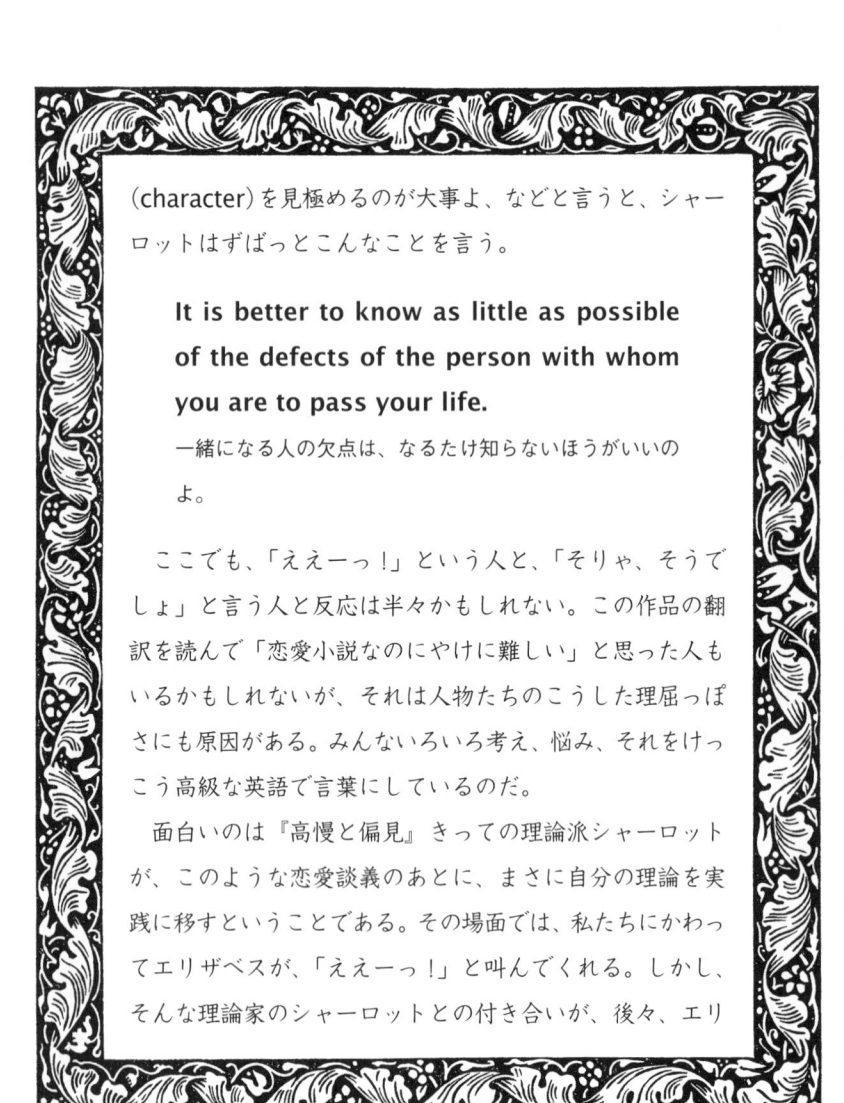

(character)を見極めるのが大事よ、などと言うと、シャーロットはずばっとこんなことを言う。

It is better to know as little as possible of the defects of the person with whom you are to pass your life.
一緒になる人の欠点は、なるたけ知らないほうがいいのよ。

ここでも、「ええーっ！」という人と、「そりゃ、そうでしょ」と言う人と反応は半々かもしれない。この作品の翻訳を読んで「恋愛小説なのにやけに難しい」と思った人もいるかもしれないが、それは人物たちのこうした理屈っぽさにも原因がある。みんないろいろ考え、悩み、それをけっこう高級な英語で言葉にしているのだ。

面白いのは『高慢と偏見』きっての理論派シャーロットが、このような恋愛談義のあとに、まさに自分の理論を実践に移すということである。その場面では、私たちにかわってエリザベスが、「ええーっ！」と叫んでくれる。しかし、そんな理論家のシャーロットとの付き合いが、後々、エリ

ザベスが一皮むけて成長していくときの重要な伏線ともなっているのである。
(引用はすべて第6章より)

4

ヒーロー
主人公の資格
F・スコット・フィッツジェラルド
『グレート・ギャツビー』

小説にはふつう主人公と呼ばれる人がいます。といっても、ひとつの作品につき一人、もしくはせいぜい二人で、登場する総数の中では、選ばれたごく一握りの人のみがなれる。少数精鋭です。主人公になるのは、並大抵のことではない。それだけ貴重なポジションだとも言えます。

　では、主人公になるための資格のようなものはあるのでしょうか。これだけは満たしていないと、あなたはとても主人公にはなれませんよ、という基準はあるのか。

　日常生活の中でも私たちは、「あ、この人はまるで小説の主人公のようだ」という思いを抱くことがあります。たいがいは「数奇な運命を辿った」という含みがあるようです。たとえば大金持ちから転落して一文無し、それがまた一山あてて大復活、とか。あるいはジャングルの真ん中に飛行機が不時着、危うくワニにかじられそうになったけど、たまたま通りかかったサッカー少年に助けられた、とか。あるいは二人の男に一度に言い寄られて、激しい三角関係の末、大雨の中をびしょ濡れになって涙ながらに駆け出して行った、とか。

　しかし、多くの小説の主人公は、このような運命の数奇さだけを盾に主人公になっているわけではありません。もちろん運命が数奇であるに越したことはないのでしょうが、それよりも大事なのは「この人には何かある」と思わせるような、深みや複雑さではないかと思います。ちょうど近代絵画の世界で、遠方に消失点の設定された透視法的遠近法が主流になっていったのと同じように、そして、遠近法破壊の時代をへてもいまだにそうした画法が亡びてはいないのと同じように、近代小説でも、奥行きや深みといったものは、作品構成の上で大きな役割を果

たしてきました。この奥行きを生み出すためには、知られざる過去とか秘密の関係といった要素も大事ですが、何より欠くことができないのが中心人物の複雑さや深みです。そもそも主人公を立てる、ということ自体が、「奥の方に何か重要なものが潜んでいる」と思わせるような遠近法に則していることを示します。

しかし、中には主人公でありながら、およそ主人公らしくない人物もいます。ほんとうにこの人には、主人公となる資格があるのだろうかと疑問が湧いてくるような人物。この章で取り上げるのはそんな人です。小説の作りを見る限りは、この人を主人公に仕立て上げようという意図が明瞭なのだけど、どうも当の人物がその期待を裏切っている。主人公ならではの複雑で深みのあるような像からは、外れているように見えるのです。

どうも言葉の使い方が鍵になっているようです。主人公の語る言葉だけでなく、主人公を取り巻く言葉の状況におもしろい特徴がある。小説の言葉が、主人公の深さや重さを引き立てるという風には働いておらず、むしろ、主人公を裏切っている。いや、主人公という制度を裏切っている、と言った方がいいでしょうか。

小説全体にそもそも深さや重さが欠けているというのなら、単なる失敗作として片づけていいでしょう。でも、そうでもないのです。語りには、「奥」への憧憬が見え隠れするし、それなりの表現が与えられてもいる。にもかかわらず、主人公が何となく主人公らしくないのです。ということは、まさにそれがこの小説の持ち味なのではないか、と思えてくるのです。いったい、どんな言葉のメカニズムが働いているのでしょう。

ギャツビーは主人公失格か？

　作品は、F・スコット・フィッツジェラルドの『グレート・ギャツビー』です。主人公の名前の入ったタイトルを見てもわかるとおり、この小説はそれなりに主人公依存度が高く、主人公を引き立てることによってこそ、作品を成り立たせるのだという作家の姿勢がはっきりしています。

　しかし、驚くべきは、「これがほんとうに主人公たるものの発言か!?」と思わせるような台詞を、平気でギャツビーが口にすることです。とりわけ山場と言える場面でのギャツビーの発言にはびっくりします。次に引用するのは、ギャツビーの生涯の恋人デイジーをめぐって、デイジーの夫であるトムと激しい口論に至る箇所です。

　"I've got something to tell you, old sport, —" began Gatsby. But Daisy guessed at his intention.

　"Please don't!" she interrupted helplessly. "Please let's all go home. Why don't we all go home?"

　"That's a good idea." I got up. "Come on, Tom. Nobody wants a drink."

　"I want to know what Mr. Gatsby has to tell me."

　"Your wife doesn't love you," said Gatsby quietly. "She's never loved you. She loves me."

　"You must be crazy!" exclaimed Tom automatically.

　Gatsby sprang to his feet, vivid with excitement.

　"She never loved you, do you hear?" he cried. "She only married you because I was poor and she was tired of waiting for me. It was a terrible mistake, but in her heart she never loved anyone except me!" (101–102)

4 主人公の資格

「なあ、きみ、ちょっと言いたいことがあるんだ――」ギャツビーが切り出した。デイジーは彼の意図を察した。
「ねえ、やめて」と止めに入る。「もうみんなで帰りましょうよ。帰らない?」
「そうだね」僕は腰をあげた。「行こう、トム。もう飲むのはおしまいだ」
「ギャツビー君が僕に何を言いたいのか知りたいな」
「君の奥さんは、君のことなんか愛しちゃいないよ」ギャツビーは静かに言った。「はじめからそうだったんだ。彼女が好きなのは僕だ」
「馬鹿げてる!」トムは反射的に声をあげた。
　ギャツビーは素早く立ち上がった。昂奮のあまり上気している。
「君のことなんか好きじゃなかったって言ってるんだ。いいか?」彼は激しい口調で言った。「君と結婚したのは、僕には金がなく、ずっと待っているのにもううんざりしたからだ。ひどい間違いを犯したものさ。でも、本心としては好きだったのは僕だけだ」

　何かすごいことを言うらしいというので、固唾を呑んで見守っていると、こともあろうに「奥さんはあんたのことなんか愛していない」「彼女が愛しているのは僕だ。彼女は僕を愛しているのだ」とくるのです。これには唖然とします(こうして日本語にしてみると、なおさらそうです)。もちろん、小説の中でこうした発言がなされるのは珍しいことではありません。しかし、こんなまるで英作文の練習のような工夫のない台詞を言わされるのは、ふつうはもっと脇役的な人物です。ところが主人公であるはずのギャツビーは、おそらくはまったく本気で、何のひねりもなしに、このような言葉を口にしているのです。

　本来、ギャツビーとデイジーとの過去というのは、なかなか小説の表に出てくることのない、それこそとっておきの事実で

す。秘中の秘、のはず。この秘密のおかげでこそ、単なる成金に見えたギャツビーに何とも言えない陰翳が付与されるという設定でもあるし、またデイジーにしても、これまでのやや浅薄な女性というイメージに、ギャツビーとの過去のおかげでいくらかなりと深みがでる。

　ところが陰翳の装置であるはずの二人の関係は、いとも簡単に次のような言葉で要約されてしまうのです："She only married you because I was poor and she was tired of waiting for me. It was a terrible mistake, but in her heart she never loved anyone except me!"『グレート・ギャツビー』という小説の全体が、「なぜデイジーはギャツビーと結婚しなかったのか？」という謎をめぐって右往左往するべきなのに、これはないだろう、と思わずにはいられません。いったいどういうことなのでしょう。

　そもそも小説の主人公たるもの、こうもあっさりと自分の気持ちを言葉にできてしまっていいのか。小説の味わいどころは言葉を探すプロセスにこそあるはず。心の探求の過程こそが大事なはず。なかなか思うように気持ちが言葉にならない様子を、その困難をも含めて表現することでこそ、厚みのある世界が構築できるのではないか。だいたいギャツビーは大事なことをぺらぺらとしゃべりすぎる。こんなにしゃべる人に、果たして内面などありうるのか。秘められた過去などありうるのか。これだけ言葉にできるなら、苦労はないではないか。わざわざ小説の主人公になる必要などないではないか……。

　次々とこんな疑問が湧いてきます。それにトムとのコントラストもそれほど際だっていません。ギャツビーがトムに「彼女

が愛しているのは僕だ」と宣言する場面、ふたりの言葉は不思議なほどか͏み͏合͏っ͏て͏い͏る͏ように見えます。

"Your wife doesn't love you," said Gatsby quietly. "She's never loved you. She loves me."
"You must be crazy!" exclaimed Tom automatically.
Gatsby sprang to his feet, vivid with excitement.
"She never loved you, do you hear?" he cried. (102)

デイジーをめぐって二人は戦っているわけですが、その言葉はまったく同じ地平に立っているようです。つまり言葉のレベルをめぐるすれ違いや、皮肉や、足の掬い合いはない。うっちゃりやフェイントもない。正面きった戦争です。ということは同じ土俵に乗っているわけだから、ギャツビーはトムと同じ程度の人物だということにもなってしまいます。もっと言えば、二人の言葉には他者同士のぶつかり合いという感じがあまりない。ギャツビーとトムとがいつ入れ替わってもおかしくないような類似性すらある。

この場面は、それまで水面下でくすぶっていたギャツビーとデイジーとの関係が一気に表沙汰になるところです。トム自身、マンハッタンにアパートを借りて愛人と密会しているわけですが、そのくせ、自分の妻に愛人があるとなるとにわかに動転する。かねがねギャツビーの存在をいまいましく思っていたトムは、そういうことだったか、とその憎悪を先鋭化させ、作品のクライマックスに向けて一気に欲望と欲望のぶつかり合いが形になる、そんな重要な箇所です。しかし、そういう場面が紋切り型の応酬で構成されてしまうというのはいったいどういうこ

とでしょう。私たちはこの空虚さや重みのなさを、どのように理解したらいいのか。

僕がギャツビーさ、の世界

　先にも触れましたが、『グレート・ギャツビー』というタイトルがついているくらいですから、この作品は「主役はあくまでギャツビーですよ」とはじめから宣言しているようなものです。実際の語りにも、主人公に対する敬意がにじみ出ている部分は多々あります。構成からして、ジェイ・ギャツビーという人物を大事に囲いこむようにして進行する作りになっている。

　冒頭部分では、語り手のニック・キャラウェイの役柄がうまく示されます。ニックはなぜか、昔から一風変わった人間に信頼されることが多く、今までもそういう人たちから人生の大事な秘密について告白されたりしてきた、というのです。これから登場するジェイ・ギャツビーもまた、そうした人間のひとりだというわけです。

　ストーリーがはじまってからも、ギャツビーはすぐには表舞台には出てきません。はじめに登場するのは、トム・ブキャナンとその妻デイジー。愛人を囲い、白人優位主義を唱え、妻にはDVを働き、興味があるのは金だけ、というかなり類型的な俗物として描かれています。そんな中でギャツビーの名前がちらっと言及される。ギャツビーは語り手ニックの家の隣に大邸宅を構え、しばしば大パーティを開いている謎の金持ちです。しかし、今のところ詳細は不明。ここまでは、いかにも小説の主人公らしいとも言えるでしょう。

　語り手がはじめてギャツビーと出会うのは、ぜんぶで九章あ

る小説の三つ目の章の半ばです。ちょっと焦らした感じでしょうか。脇役から先に登場させ、主人公は場の雰囲気がある程度できあがった、照明の十分に行き届いた舞台におもむろに出ていく、というやり方です。演劇などでよく使われる手法です。

しかし、この第三章での出会いのシーンは、ちょっと気になる形を取っています。さんざん焦らしたはずなのに、いざ登場というときになって、ギャツビーはいつの間にかそこにいるのです。さあ、どうだ! と登場するわけではない。この「いつの間にかそこにいる」という感覚は、この場面の言葉のやり取りと相まって、先ほど引用したギャツビーとトムとの口論の風景と相通ずる何かを示しているのではないかと私は思うのです。

描かれるのは次のような状況です。ギャツビーとまだ面識のないニックは、その邸宅でのパーティに呼ばれる。なかなかホストに挨拶する機会もなく、他の客たちと雑談していると、「ああ、君、軍隊にいたよね?」というようなことを言ってくる人がいる。それでしばらくしゃべってから、ニックが「そういえば、このパーティのホストとまだ会ってないんだよ」と言うと、まさにその相手がギャツビーだった、ということになります。

"This is an unusual party for me. I haven't even seen the host. I live over there—" I waved my hand at the invisible hedge in the distance, "and this man Gatsby sent over his chauffeur with an invitation."

For a moment he looked at me as if he failed to understand.

"I'm Gatsby," he said suddenly.

"What!" I exclaimed. "Oh, I beg your pardon."

"I thought you knew, old sport. I'm afraid I'm not a very good host." (47)

「ずいぶん変わったパーティだと思うね。まだホストに会えないんだから。僕はあっちに住んでるんだけど——」僕は手を振り上げて遠くの方の見えない垣根を示した。「ギャツビーっていう人が、運転手に言って招待状をよこしてくれたんだ」

　しばし彼はきょとんとして僕を見つめていた。

「ギャツビーは僕だよ」彼は急に言った。

「え！」僕は声をあげた。「それはたいへん失礼」

「わかってるのかと思ったよ、お兄さん。気が利かないホストで悪かった」

　この部分をあらためて読み返してみると、なるほど、と思います。つまり、ギャツビーとは "I'm Gatsby" と登場してしまうような人物なのです。主人公たるもの意味ありげに奥に潜んでいるべきなのに、勝手に自分からぺらぺらとしゃべったり、まず遠くから指さされたりするべきなのに、その前にひょっとすぐ目の前にいる。そうして「僕がギャツビーさ」などと明朗快活に言ってしまう。

　この白々としたわかりやすさは何なのか。にこやかにこちらに近づいてくる人なつこさは何なのか。このような人物は、「読んでやろう」「解明してやろう」という私たちの探求欲や好奇心をおよそくすぐりません。人によっては、まさにそこがこの小説の弱点だと言うかもしれない。しかし、必ずしもそうだとは言い切れないようにも思えるのです。というのも、この小説の全体がこのような白々としたわかりやすさに染まっているわけ

ではないからです。勝手にこちらに歩み寄ってきて、ぺらぺらと紋切り型の言葉を連ねるギャツビーは、あくまで全体のコンテクストの中で読まれる必要があるのではないでしょうか。

言葉が言葉にならない

これはいったいどんなコンテクストでしょう。たとえば作品のクライマックス近く、トムの愛人であるマートルが自動車事故に遭う直前のこと。マートルを轢くのはギャツビーとデイジーの乗った車なのですが、それとは別の車に、トム、ニック、ニックの恋人のジョーダンとが乗り合わせています。この車の中で、ニックは人生をめぐるちょっとした省察にふけっています。人生の行く末について、しみじみ考えているようです。まさに嵐の前の静けさという風情です。

It was seven o'clock when we got into the coupé with him and started for Long Island. Tom talked incessantly, exulting and laughing, but his voice was as remote from Jordan and me as the foreign clamor on the sidewalk or the tumult of the elevated overhead. Human sympathy has its limits and we were content to let all their tragic arguments fade with the city lights behind. <u>Thirty—the promise of a decade of loneliness, a thinning list of single men to know, a thinning brief-case of enthusiasm, thinning hair.</u> But there was Jordan beside me who, unlike Daisy, was too wise ever to carry well-forgotten dreams from age to age. <u>As we passed over the dark bridge her wan face fell lazily against my coat's shoulder and the formidable stroke of thirty died away with the reassuring</u>

pressure of her hand.　　　　　　　　　　　　　　**(106)**

　僕たちが彼と一緒に車に乗りこんでロングアイランドに向けて出発したのは7時だった。トムは昂奮気味で笑い声をまじえながらずっとしゃべっていたが、その声はジョーダンや僕にしてみると、歩道の喧噪や頭上に響く電車の音と同じくらいに遙かなものに感じられた。人の共感には限度があって、結局いくら悲しいことを話していたって、最後はくるりと背を向け町の灯りと一緒に忘れても何とも思わない。三十才——これから孤独の十年が来るという予感、知り合いには独身者も減っていき、手持ちの熱意も薄れ、髪も薄くなる。でも僕にはジョーダンがいた。彼女はデイジーとはちがい、いつまでも忘れたはずの夢にしがみつくようなことはなかった。暗い橋をすぎるとき、彼女の青白い顔が僕のコートの肩にもたれかかり、三十才の到来を告げるおそろしい鐘の音の響きも、ぎゅっと僕をとらえる彼女の手の力に慰められているうちに聞こえなくなっていた。

　この引用で注目したいのは二つの箇所です。それぞれ下線を引いてあります。まず、最初の下線。べらべらとしゃべりつづけるトムの脇で、三十代にさしかかったニックは憂鬱な思いにふけっています。三十となると、寂しさが身にしみる。独身者は減っていき、それまでの気ままな暮らしもだんだんと辛くなる。やる気も、そしてもちろん性欲も、減退する。髪は薄くなる。何とも冴えない思弁です。でも、冴えないけれど、たとえば先ほどのギャツビーやトムの空虚な言葉とは違う「実」があるようにも思える。この言葉を通して我々が何かに触れているな、と思わせるような感触があるのです。

　それはおそらく、三十代という年齢をめぐる想念が、言葉以前の生理的な事実にわずかなりとも触れているからではないか

と思います。thinning という言葉を軸にした想念は、はじめはやや抽象的だけれど、最後は a thinning brief-case of enthusiasm, thinning hair というふうに肉体の事実に辿りつく。もちろん「元気がなくなる」とか「頭が薄くなる」というのは、中年期を思うにしてはありがちな視点ではありますが、ギャツビーの周囲で交わされる言葉や設定に作り物めいた仰々しさが目立っていたのに比して、このあたりはその卑近さや地味さ、つまり、こちらの肌に直接触れようかというその「近さ」ゆえにこそ、ちょっとはっとさせる。promise → list → enthusiasm → hair というふうに少しずつ抽象度を落としていく並列も、うまく我々の視線を誘いこんでいきます。とくに注目すべきは、thinning を何度もつづけて陶酔的になる口調が言葉の「弱々しさ」を体現していて、それが彼の語ろうとする中年期の「弱さ」のテーマとうまく重なっているということでしょう。私たちはこういうところを読むと、「ああ、この語り手は言葉の使い方を知っているのだな」と思うのです。言葉の内容と形とを一致させようとする意志が見える。少なくとも、中身と入れ物との不一致に、平気ではいられない人なのだな、と。

　もうひとつの下線はどうでしょう。こちらは thinning を使った先ほどの羅列とは違って、ぎゅっとしまった文構造になっています。とくに後半の and the formidable stroke of thirty died away with the reassuring pressure of her hand.「三十才の到来を告げるおそろしい鐘の音の響きも、ぎゅっと僕をとらえる彼女の手の力に慰められているうちに聞こえなくなっていた」などというところ、うまいなあ、と思わずにはおられません。じわっとするような箇所です。前の下線にもあった、観念から生

理的事実へという流れを引き継いでいるのですが、ここではジョーダンの手の感触に助けられて寂しさを乗り越えるニックの感覚が、読者を追体験に誘うような文体により官能的に描かれています。しかもそれを凝縮された構文の中で行うことで、言葉になりきらない不明瞭な感じをうまく表現している。その凝縮感は、ゆるく押さえてくるような手の触感にも通ずるものでしょう。the reassuring pressure of her hand という一節には、軽やかで明晰な展開よりも、ぎゅっと詰まった無言があって、内にこもっていくようなその力に、ああ、これはいかにも小説的だ、と思わせられるような作りになっている。ここでも、中身と入れ物とを一致させようとする語り手の志向が感じ取れるでしょう。

　そう。小説ではやはり、そう簡単に言葉が言葉にならない。全部を明晰に説明してしまわない。あるいは説明しえない。だからこそ、言葉の内容としては言い切れないものを、言葉の形によって表現しようとするのではないか。たとえば thinning のゆるい羅列による弱さを通して。あるいは the reassuring pressure of her hand の凝縮された無言を通して。そういうところにこそ、中身と入れ物とを一致させようとする執念のようなものが垣間見える。この執念こそが大事なのではないでしょうか。そんな執念には、形と内容の亀裂を修復しようとする強い願望があるけれど、同時に、かえって言葉に負荷がかかりすぎ、亀裂が大きくなるということもあるかもしれない。でも、そのあたりを読むのが、小説を読むということなのではないか、と思うのです。

　こう考えると、ギャツビーがいとも簡単に "Your wife doesn't

love you..." とか、"She never loved you. She loves me." というふうに言えてしまうことが、ことさら不思議なことに思えてきます。この人は主人公のくせに、実に易々とその内面を明かしてしまうのです。内面と外側とを何とか一致させようという苦心惨憺などには、およそ縁がないように見える。まるで言ったことがそのまま内容になってしまうような、記号ばかりのあふれる世界を生きている人のようなのです。これでは、内容と形をめぐる緊張感など生じ得ない。小説的な緊張感など生まれ得ない、かと見える。

本当に主人公らしいのは誰か

あるいは次のような箇所を見てください。ギャツビーとデイジーとの間は、そろそろのっぴきならないものになりつつあります。デイジーは夫の目を盗んではギャツビーの家を訪れているらしい。それを噂のタネにする人間もいる。ギャツビーはデイジーに気を遣って、使用人をすべて入れ替えたりします。と、そんな一節につづいて、ニックがひとり電車に乗る場面の描写があります。暑い日のようです。

The next day was broiling, almost the last, certainly the warmest, of the summer. As my train emerged from the tunnel into sunlight, only the hot whistles of the National Biscuit Company broke the simmering hush at noon. The straw seats of the car hovered on the edge of combustion; the woman next to me perspired delicately for a while into her white shirtwaist, and then, as her newspaper dampened under her fingers, lapsed despairingly into

deep heat with a desolate cry. Her pocket-book slapped to the floor.

"Oh, my!" she gasped.

<u>I picked it up with a weary bend and handed it back to her, holding it at arm's length and by the extreme tip of the corners</u> to indicate that I had no designs upon it— but every one near by, including the woman, suspected me just the same.　　　　　　　　　　　　　　(89)

　翌日は灼熱の暑さだった。夏もいよいよ山かと思えるような、まちがいなくもっとも暑い日だった。僕の乗った列車がトンネルをぬけて日向に出てしまうと、真昼のうだるような静寂に、ナビスコ社の暑苦しいサイレンだけ響いている。藁色の座席は今にも燃え上がりそうで、僕のとなりにいた女性は白いシャツの腰のあたりが汗ばんできたかと思うと、手に持っていた新聞も汗でじっとり濡れ、暑さに参ったふうなうめき声をあげた。ハンドバッグが床に落ちた。

「あら」女性は声をあげた。

　僕は何とか体を折ってそれを拾ってやり、渡すときには腕を伸ばして差し出し、ハンドバッグもごく端っこを持って下心などないのを示した——にもかかわらず、あたりの人はみな、その女性も含め、疑わしそうな目をしている。

　小説の展開の上では決して重要な出来事が起きているわけではないのですが、隣に座っている女性の手にする新聞が汗で湿っているというあたりの細部は、むしろギャツビーをめぐる語りよりもずっと精彩を放っているようです。突出してくるような鮮烈さが感じられる。

　下線を引いた箇所もそうです。女性が落とした pocket-book（ハンドバッグ）をニックが拾ってあげるというひとコマなので

すが、ここも、わざわざその端をつまむように手に取り、なるべく身体を近づけないようにして女性に渡したなどということが書かれている。汗に濡れた手が新聞を湿らすという部分と相まって、手の触感がクローズアップされていることがはっきりしてきます。

そして、そんなこんなの描写の背景にあるものが何であるかが、下線に続く I had no designs upon it という箇所で見えてきます。これは、ハンドバッグを拾うことで変なことを企もうなどとは思っていなかった、ということなのでしょうが、少し語り手の先走りがあるようにも思えます。'every one near by, including the woman, suspected me just the same.'「あたりの人はみな、その女性も含め、疑わしそうな目をしている」とありますが、ほんとでしょうか。意識しすぎではないでしょうか。でも、意識してしまうのは、それに先立つ箇所に手の感触があふれていたからです。それを通して官能の気配――もっというと性の匂い――のようなものが濃厚に立ち上がってきた。それに語り手は反応し、たかがハンドバッグを拾う程度のことに、かくも敏感になっている。このさらに背景にあるのは、もちろんギャツビーとデイジーとの関係でしょう。ふたりの関係はどんどん深まっているらしい。でも、主人公であるギャツビーについて、このようなレベルのことが書かれることはほとんどありません。このようなレベルのこととは、つまり、汗に濡れた女性の手が新聞にまとわりつくといったような、卑近で、不潔でさえあるような、でも身近で、肉感的で、エロティックで、つまり私たちが現実的と思うような生理的な事実。

どうやら『グレート・ギャツビー』という小説は、一方に生々

しさに欠けるような、レディメードの言葉しか語らないような、およそ主人公らしからぬ中心人物を配し、もう一方には脇役のくせに、やけに生々しい感触をこちらに伝えてくる人物を配している。ドラマの中心はあくまで主人公のギャツビー。脇役にはドラマはありません。地味に、平坦な人生を歩み、ときに郷愁や憂鬱に駆られるのみ。でも、この小説の小説らしさを支えるのは、脇役をめぐる描写であるようにも思えます。ギャツビーの住む世界は、まるで遠い劇中劇のように、現実感がない。その台詞が作り物めいて見えるのと同じように、彼らの人生も、実に嘘っぽいのです。何より彼らをめぐる言葉には、形と内容をめぐる緊張感が欠けている。どうやって曰く言い難い内容を、言葉の感触のレベルで表に出していこうかという、小説的緊張感が盛り上がってこない。

「すげえ」ことの困難

しかし、それはほんとうに、ギャツビーという主人公に語るに足るような内面が欠落しているからなのでしょうか。ギャツビーにはほんとうに外側しかないのでしょうか。たしかに彼は「金」とか「夢」とか「愛」といった抽象概念によってのみ構成された、張りぼてのような人物に見えなくもありません。しかし、ギャツビーがまったく空虚な人なのかどうかは実はわからないのです。なぜなら、ギャツビーを空虚に見せるのは、ギャツビーを見る周囲の人の視線だからです。『グレート・ギャツビー』はいわゆるセレブ小説です。パーティの場でデイジーが吐くセリフは象徴的です。

4 主人公の資格

"I've never met so many celebrities!" Daisy exclaimed. "I liked that man—what was his name?—with the sort of blue nose." (82)

「すごいわ、有名人ばっかり！」デイジーは声をあげた。「あの人、すてき。誰かしら？ ちょっと潔癖な感じ」

「セレブ」を見る私たちの視線はいったいどんなものでしょう。私たちはセレブを見るときに、すでにそこに "great" というフィルターを織り込んでいないでしょうか。セレブとは、はじめから「すげえ奴」という明瞭な烙印を押された人物たちです。しかし、「すげえ」人物であるということは、まさにそのわかりやすい輝かしさゆえに、何かを決定的に失っているのです。輝かしいがゆえに、そこには齟齬がない。中身と入れ物との亀裂を乗り越えてかろうじて立ち上がってくるような、薄暗く吃音的な言葉の葛藤がない。

『グレート・ギャツビー』を読んでつくづく思うのは、小説とは "great" でない人物をこそ描くジャンルなのだな、ということです。[1] もちろんかつては、"great" な人を中心にすえたジャンルがありました。代表的なのは叙事詩でしょう。しかし、すでに18世紀には叙事詩はパロディの対象にすぎなくなった。リチャード・チェイスの言うように、アメリカ文学では「ロマンス」と「ノベル」という対立軸を立てることができるのかもしれませんが、これまで見てきたように『グレート・ギャツビー』には、「ノベル」としての要素もそれなりに整っています。単なる「ロマンス」とは言い切れない。

『グレート・ギャツビー』のギャツビーは、"great"であるがゆえに、小説というジャンルの主人公としては居心地が悪そうです。しかし、これはそもそも、そういう小説なのではないでしょうか。主人公たるギャツビーは「すげえ」という視線によって仰ぎ見られてしまうような、一種のセレブである。セレブであるがゆえに、およそ主人公的ではない。セレブであるがゆえに、小説的な言葉の緊張感を、作品の要として担うことはできない。

　にもかかわらず彼は、『グレート・ギャツビー』という小説の主人公に仕立てあげられてしまっている。そしてまさにそれがギャツビーの悲劇なのです。言葉の形と内容とが、両者の齟齬を乗り越えてかろうじて一致していくかどうか、という微妙な瀬戸際らしさにあふれる言葉の世界で、当の主人公であるギャツビーは、まるで門外漢のように、平気で言葉の内容と形とが一致する世界を生きている。あるいは生きている、と信じている。しかし、彼をこの「一致」の幻想に封じこめるのは、セレブをセレブとして祭り上げる周囲の視線にすぎない。その中心にいるのは、間違いなく語り手ニックでしょう。

　ニックを中心とした周囲の人々は、言葉の内容と形とがきれいに一致しないのが当たり前の世界を生き、亀裂を乗り越えようとする努力を通してこそ——つまりその成功や失敗を通してこそ——世界の生々しさを伝えてくる。ところが、彼らはギャツビーにはそんな試行錯誤を許さないのです。あくまでギャツビーには、セレブらしく、煌びやかに可視的であって欲しい。わかりやすい「いかにも」であって欲しい。だから、彼はいかにも主人公らしくなかなか登場せず、いかにも主人公らしく秘

密の過去を抱え、いかにも主人公らしく運命的な女性関係に巻き込まれている。

しかし、こうした「いかにも」のゆえにこそ、ギャツビーは主人公らしからぬ人物になってしまっているわけです。彼が "She only married you because I was poor and she was tired of waiting for me. It was a terrible mistake, but in her heart she never loved anyone except me!" (102) などという、思わずこちらが赤面しそうになる台詞を言うのは、人々の視線に強制される形で、忠実に「いかにも」を実行しているためです。彼は現実にはありえないほどの正確さで、言葉の形と内容とが一致しているかのように振る舞わされている。しかし、本気でその一致を信じているのは、ギャツビーだけなのかもしれません。つまり、ギャツビーがこの小説の主人公だとほんとうに信じているのは、ほかならぬギャツビー本人だけなのかもしれない。他の人たちは、ギャツビーの生きているのとはまったく別の現実があることを知っている。そして、平気でギャツビーを置き去りにし、自分たちの生々しい世界に帰って行く。ニックにしてからがそうです。

これは、そういうことを書こうとした小説なのではないでしょうか。『グレート・ギャツビー』の世界には大きな矛盾があります。一方には、20世紀に入っていよいよ洗練され、それゆえにますます曖昧さ、寡黙さ、不明瞭さといった要素に頼るようになった小説言語の技法。他方には、ひたすらわかりやすい輝かしさと人格の平板さとを人間認識に求めるようになっていく大衆メディア的視線。このふたつの間で引き裂かれるようにして成り立っているのがこの作品なのではないでしょうか。

ニックをはじめとする「小説的」な人物たちは、自らの世界の生々しさを生き、表象する一方で、その視線の向こうに、およそ小説的ではない人物を「主人公」として仮構する。その主人公は、とても小説的とは思えないやり方で、しかしあくまで「主人公」という運命を担って生き、そして死ぬ。死なざるを得ない。小説が終わってしまったら、ギャツビーには帰って行くべき「現実」などないからです。ここでは、現代において小説の主人公になることの難しさがあらためてクローズアップされるとともに、"great" などというもののいかがわしさがあらためて問われているのだと言えるでしょう。

注

1　フィッツジェラルドが *The Great Gatsby* というタイトルを必ずしも気に入っておらず、『トルマルキオ』(「金持ちで趣味の悪い成り上がり者」を示唆する名前)というものを念頭においていたことは、『グレート・ギャツビー』の「グレート」にこめられたアイロニーを示唆するでしょう。

『グレート・ギャツビー』の評価は賛否両論真っ二つで知られます。意外にもいち早く「賛成」を唱えた一人はT・S・エリオットですが、これはあくまでフィッツジェラルドに宛てた手紙中の賛辞であり、必ずしもその論拠を丁寧に説明しているとはいえません。賛否どちらの見方を取るにしても、避けて通れないのは、かねがね指摘されてきた語り手ニック・キャラウェイの「信頼できなさ」(unreliability) で、たとえば最近でも『『ギャツビー』の教え方』と題された論集でセシリア・コンカー・ファーは、ギャツビーやデイジーの人物像を問題にする前に、彼らを語るニックの視線をこそ問題にする必要があることを、具体的な学生の反応を通して説明しています。日本のフィッツジェラルド批評でも、ギャツビー

の物語が一種の劇中劇であることは指摘されてきました(たとえば伊豆大和、121)。また、最近『ギャツビー』の新訳を刊行した小川高義は、その作品解説の中でギャツビーを「時代の空気が読めない偉大なる勘違い男」と呼び、そのドンキホーテ的な喜劇性に注目しています。さしずめ「東海岸の寅さん」といったところかもしれません。

F・スコット・フィッツジェラルド (1896–1940)

アメリカの小説家。1920年代には、自ら命名した「ジャズ・エイジ」の寵児として、妻ゼルダとともに華やかな生活を謳歌する流行作家になる。その後、人気は衰え、アルコール中毒と妻の精神疾患に苦しみ、ハリウッドで脚本も執筆するが、失意のうちに亡くなる。代表作に『楽園のこちら側』(1920)、『グレート・ギャツビー』(1925)、『夜はやさし』(1934)、短篇集『ジャズ・エイジの物語』(1922)、『バビロン再訪』(1960) など。

英語名言読本 ④

格好よすぎる台詞
ヘミングウェイ『老人と海』

緊張感あふれる短篇

　アーネスト・ヘミングウェイ(1899-1961)の小説は見るからにマッチョだ。文章にはよけいな飾り気がなく、ストーリー展開も運命を感じさせるような酷薄さが売り物、登場人物もどこか陰のある人ばかりである。後ほど取り上げるシェイクスピア『ソネット集』などの華麗で甘い世界とは正反対の、禁欲的で切り詰められた"男っぽさ"が読みどころになっている。

　ここではそんなヘミングウェイの作品の中から『老人と海』を取り上げてみたい。作家晩年の作で、短篇の名手と言われたヘミングウェイらしい緊張感にあふれている。心に残る名言が要所で強い印象を与える作品である。

4 格好よすぎる台詞

　主人公は「老人」とのみ名指される老漁師。登場人物としては、ほかには「少年」くらい。その少年も冒頭と結末で出てくるだけで、短篇よりはノヴェラ（中篇物語）と言える作品のほぼ全体が、この老人の独り舞台になっている。

　老人はこのところずっと不漁である。すっかりつきに見放されてしまった。しかし、老人には不屈の魂がある。冒頭の簡潔な描写でもそのあたりが強調されている。

Everything about him was old except his eyes and they were the same color as the sea and were cheerful and undefeated.
(13)

彼のすべてが老いていたが、眼だけは別で、海と同じ色をして快活で負けを知らぬふうだった。

「すべてが老いていたが、眼だけは別で」などというのはずいぶんおおざっぱな言い方でおとぎ話のように聞こえるのだが、眼だけぎらぎら輝いているというこの老人のしぶとさのようなものが、物語を通してだんだん実感されてくることになる。undefeated（不屈の）という語も、後の重

要な場面で老人が吐く台詞の伏線となっている。

　沖へ沖へとこぎ出していく老人、今回は一発逆転で大きな獲物をねらっている。ヘミングウェイ自身が当時、ハバナに移り住んで沖釣りに凝っていたということもあり、細部の描写はみごとである。老人を乗せた小型船の装備や、綱や餌を扱う作業、海の風景、それに漁の過程であちこちを負傷していく老人の身体の描写もすごい。手を怪我するところなど、思わず「あ、痛っ」と言いたくなる。

　しかし、読み進めていくと何よりおもしろいのは老人の発する言葉である。大海原の真ん中にたったひとり。もちろん話し相手などいない。初めは「あいつがいたらなあ」とかつて漁の技を仕込んだ少年のことを思い出したりするが、次第に自分の手や魚に向けて語りだす("How do you feel, hand?" [49], "How do you feel, fish?" [59])。この小説はクライマックスに向け、いわば"つぶやき小説"と化していくのだ。そんな中で妙な夢想が芽生えたりする。捕獲した魚と格闘しながら、自分がやっつけようとしているのが月だったら大変だよなあ、ましてや太陽だったら、などと考えるのである(Imagine if each day a man must try to kill the moon, he thought. The moon runs away. But imagine if a man each day should have to try to kill the sun? We were born lucky, he thought. [59])。太陽と格闘するよりはましさ、という話である。

映像が浮かび上がる描写

さて、長い格闘をへて、老人はついにこれまでに見たことのないような超大物の魚を捕獲することに成功する。その場面を見ておきたい。決して言葉数は費やさないのだが、はっとするような映像が浮かび上がる描写だ。

Then the fish came alive, with his death in him, and rose high out of the water showing all his great length and width and all his power and his beauty. (70)
すると魚は生き生きと、内に死を抱え持って現れ、高く水面からそそり立ってその長く伸び広々とした躯と力と美しさとを見せつけた。

この時点ですでに老人は、この巨大な魚を愛するように

さえなっていた。その憧憬の視線が showing all his great length and width and all his power and his beauty というあたりによく表れている。Then the fish came alive, with his death in him には、この小説全体のモチーフが凝縮された形で表現されてもいる。死を内に抱えながらもなお生き生きと輝く魚が老人自身の姿と重なるのだ。

しかし、ストーリーはこの山場の後、皮肉な展開をたどる。あまりに巨大な獲物は老人の小型の舟に乗せることができず、綱で結わえて曳くことになる。すると獲物の血の臭いに刺激されてサメが寄ってくるのだ。せっかくの獲物はどんどんサメに食い荒らされていく。実に凄惨な光景。老人は寄ってくるサメを残った力を振り絞って撃退する。武器がなくなってもあきらめない。そこで老人がつぶやくのが次の台詞である。

"But man is not made for defeat," he said. "A man can be destroyed but not defeated." (78)

「人は敗れはしないのだ」彼は言った。「殺されることはあっても敗れることはない」

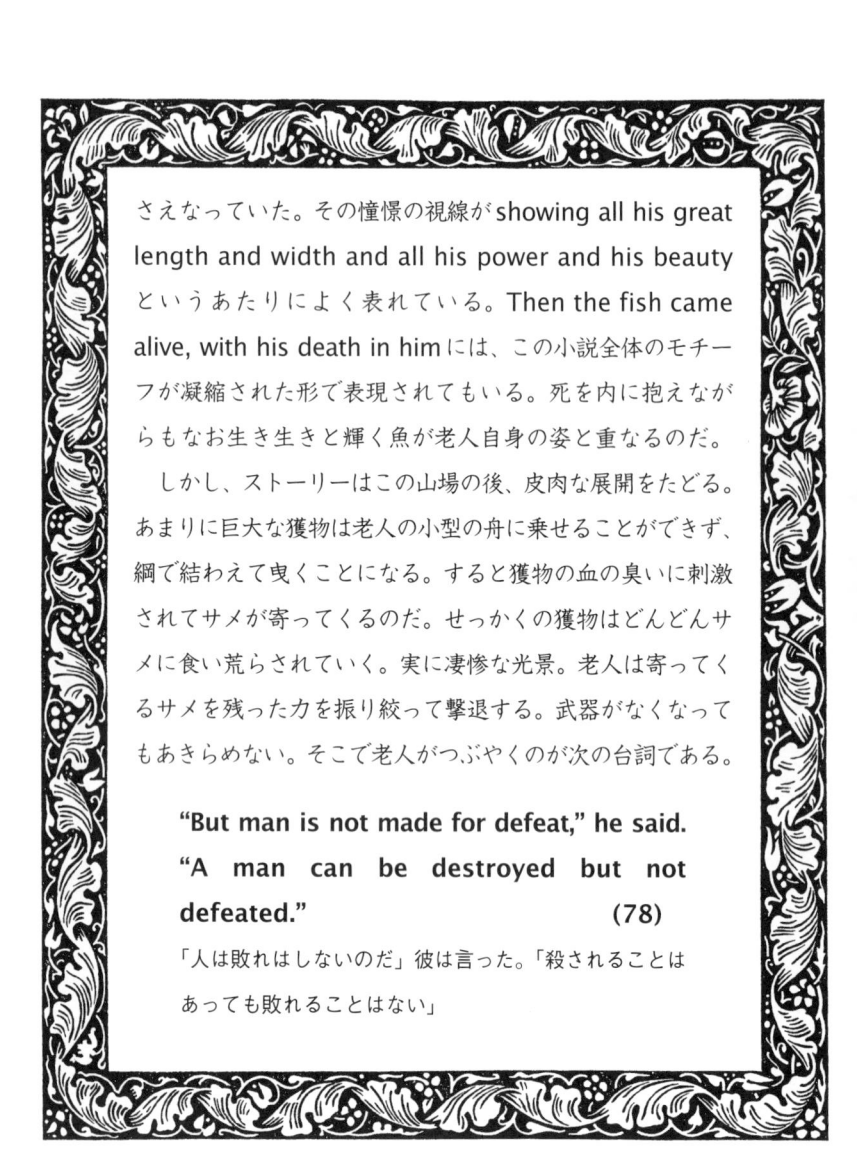

4 格好よすぎる台詞

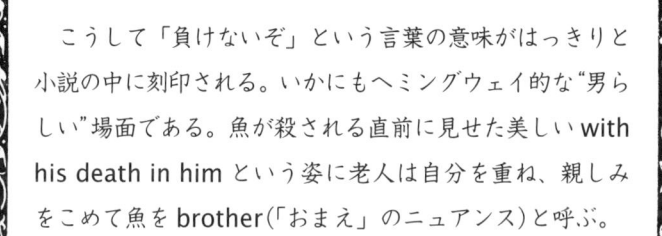

こうして「負けないぞ」という言葉の意味がはっきりと小説の中に刻印される。いかにもヘミングウェイ的な"男らしい"場面である。魚が殺される直前に見せた美しい with his death in him という姿に老人は自分を重ね、親しみをこめて魚を brother(「おまえ」のニュアンス)と呼ぶ。

Never have I seen a greater, or more beautiful, or a calmer or more noble thing than you, brother. Come on and kill me. I do not care who kills who. (70)

こんなに大きいやつは見たことないぞ、おまえ。こんなに美しいのも、静かなのも、立派なのもな。さあ、おれを殺せ。誰が誰を殺しても一緒だ。

ずいぶん格好いい台詞ではないか。そして、おそらくそれは格好よすぎる台詞なのだ。ヘミングウェイ自身は闘病生活の末、まだ60になったばかりの年齢で自ら命を絶つことになる。必ずしもそれが、死の10年前に書いたこの作品の風景と重ならないところは、作家と作品との関係を考えるうえでも興味深いだろう。

5

批評

難解さへの処方箋
T・S・エリオット「形而上派詩人」

X君は評論家だね、などという言い方をすることがあります。自分で何かにコミットするのではなく、一生懸命汗を流している人たちから距離を置いて、涼しい顔で事態の推移を眺めては、ときおり、「そこ、ちがうよ」とか「お、うまくいったじゃん」みたいに口を挟んでくる。あんまりいい感じではありません。口先だけ。軽薄。無責任。実際、「評論家然とした」といった形容が使われるときには、批判的な意味がこめられていることが多いのではないでしょうか。

　でも評論というのは、本来、無責任どころか、たいへん「立派」なものでもあります。たとえば、私たちは当たり前のように、作品と批評とは違う種類の言葉で書かれていると思っています。書店の本棚でも、あるいは文芸誌などの目次でも、「評論」と「作品」とは別ジャンルとして提示されるのがふつうです。文学という大きな枠の中で、独立したカテゴリーとして「評論」とか「批評」とか銘打たれると、どんな印象を生むか。何となく硬くて、尖っていて、難しげなものを連想してしまうのではないでしょうか。「評論家然とした」と言ったときとは違った、もっと偉そうな感じがある。言葉の地位が高そうに思える。

　どうも複雑です。批評というのはどうやら、立派かと思うと、無責任。偉大でもあり、卑怯でもある。難解で、かつ無意味。でも、このブレンド具合がちょうどいいのです。そういう種類の言葉を語りたいという人がいる。あるいは、読者の側が求めている。批評というジャンルが生き延びてきたのは、「居場所」があったからでしょう。どこかで批評は必要とされている。批評の言葉を語りたい人。批評という形式でしか語れないという

人。批評の言葉を読みたいという人。そういう人たちがどこかにいるのです。

この章では批評の英語がどのように書かれているか考えてみたいと思います。そのために現代批評の起源と言われる時代に目を向けてみたい。20世紀のはじめ、まだ文芸批評というジャンルが確立していなかった時期、後の人のお手本となった批評文を書いた人たちがいました。T・S・エリオットはそのひとりです。そのエリオットの「形而上派詩人」と題されたエッセーを取り上げ、そこで扱われている「難解さ」の問題に焦点をあててみましょう。

もっと難解に

「形而上派詩人」はとてもよく知られたエッセーです。批評理論のアンソロジーには必ずと言ってもいいくらい収録されている。とくにその議論の中心となる二、三の箇所は、繰り返し引用され、称揚もされれば批判もされてきたので、エッセーそのものを読んでいない人でもどこかで聞いたことぐらいはあるかもしれません。

でも、このエッセー、意外と分量は短いのです。もともと「タイムズ文芸付録」[1] に掲載されたもので、現在収録されている『T・S・エリオット評論選』の中では10頁程度。そんな短いものでこれほどのインパクトを作り出したという点がおもしろいと思います。

内容は一見、「おたく」なものです。タイトルの通り、形而上派詩人 (metaphysical poets) と呼ばれる17世紀の詩人たちの作風について、エリオットが自分の考えを披瀝する。形而上派

詩人なんて読んだことないという人も多いでしょう。当時も、それほど状況は違いませんでした。この呼称は、ジョン・ダンやヘンリー・ヴォーン、リチャード・クラッショーなど17世紀の宗教詩人について、「頭でっかちで何言ってるかわからない」「珍妙な思いつきに頼っている」といったニュアンスをこめてやや侮蔑的に使われていました。しかし、エリオットはそれをくるっと転換する。むしろその「頭でっかちさ」こそが詩人には大事なのだ、と言った。

　そこでエリオットが拠り所とするのは、「英詩本来のスタイル」という見方です。エリオットの考えでは、ダンのような詩人が作品を書いていた時代には、詩というジャンルに人間のさまざまな知的営為が盛り込まれていた。そういう姿勢こそが「本来の英詩」のあり方であった。ところがその後、「感受性の乖離」なるものが発生して、詩がたいへん狭い世界のことしか語らなくなってしまった。もともと詩には、情的な部分と知的なものとを合わせて複合的に語るだけの包容力があったのに、17世紀に起きた「感受性の乖離」の後、ドライデンやミルトンのおかげで詩の言葉の使い方はそれなりに洗練されたけれど、そこに表現される感情はむしろ粗いものになってしまったというのです。エッセーが最終的に到達するのは現代詩の問題で、17世紀の形而上派詩人たちが体現したような「英詩の本流」に今こそ立ち返り、あらためて詩における「知的なものの」の復権を果たそう、と締めくくられます。

　さて、仮にみなさんが散文でこのような内容について語ろうとしたら、いったいどのような方法をとるでしょうか？　エリオットの主張の柱は「知性」です。ヴィクトリア朝の詩人は情

に流れ、言葉の華麗さを見せることに専心した。そのため、言葉を飾りたてることばかりにエネルギーを使い、語られる内容はしばしば紋切り型の感傷主義に陥ったというのです。エリオットの議論は、反感傷と知の優位に力点があります。intelligence とか intellectual という言葉が何度も出てきて、いずれも肯定的に使われている。もっと頭を使おうよ、という主張が読めます。

　ならば、文章そのものも「知」を前面に押し出したものになりそうです。自分が頭の良いことを示したい人は、いかにも頭の良さそうな文章を書こうとするのではないでしょうか。いかにも知性にあふれ、難解で複雑なことを思考していそうな文章をかざしたうえで、「どうだ、自分はこんなに難しいことを考えているのだ。君たちは到底私には近づけまい！」とでもいうような。

　しかし、もしエリオットがここでそのような文章を書いていたら、後の批評家のお手本とされることはなかったでしょう。ではエリオットはどうしたか。次にあげる一節は、その格好の例となります。

It is not a permanent necessity that poets should be interested in philosophy, or in any other subject. We can only say that it appears likely that poets in our civilization, as it exists at present, must be *difficult*. Our civilization comprehends great variety and complexity, and this variety and complexity, playing upon a refined sensibility, must produce various and complex results. The poet must become more and more comprehensive, more allusive,

more indirect, in order to force, to dislocate if necessary, language into his meaning.

(**289;** イタリック体は原文ママ、下線は引用者による)

いつの時代でも、詩人たるもの哲学などの領域に関心を持たねばならないというわけではない。ただ言えるのは、我々が生きる今現在の文明においては、どうやら詩人は「難解」でなければならないということである。我々の文明は実に多様で複雑であり、この多様性と複雑さとが洗練された感受性に働きかけることで、多様で複雑なものを生み出さねばならないのである。詩人はより一層広いものをカバーし、より暗示的に、より間接的になり、そうすることで、必要とあらば使い方をずらしたりしながら言葉を強引に自分の言いたいことへと導くのである。

詩人というものは難解でなければならない、とエリオットは言う (poets in our civilization ... must be *difficult*)。内容的にはたしかに「頭を使おうよ」という知性主義が漂っています。でも、実際にはきわめて明晰、というより、ほとんど素人臭いくらいのわかりやすさなのです。とくに下線を引いた部分: Our civilization comprehends great variety and complexity, and this variety and complexity, playing upon a refined sensibility, must produce various and complex results. この一文では、variety and complexity という対立項が、その派生形も含めると、三回も繰り返されています。じれったいくらいの、ゆったりした語り口。なかなか前に進まないのです。

　おそらくここで注目すべきは、「難解」difficult という語がイタリック体になっているということです。このエリオットのイタリック体にはなかなか興味深いひねりが読めます。[2] そもそも

イタリック体は強調のために使うものですが、単に強調したいときに使うだけではなく、「ふつうなら強調しないもの」に強調の力点を置きたいときに、読者がそれを見逃さないように使う、ということがある。ただ、それは表向きのことにすぎません。ほんとうのところは、わざわざ読者が見逃しそうな語を選んで重要ポイントに使っているのかもしれません。見逃しやすさを織り込んだうえで、ここぞとばかりにイタリック体を使って読者をはっとさせ、インパクトを狙っている。つまり、イタリック体とは「見逃せ」というジェスチャーと「見逃すな」というジェスチャーとが表裏になったような、逆説性をはらんだ身振りだとも読めるのです。

　ということは、エリオットの「もっと難解に!」という主張も、一筋縄ではいかないものなのかもしれません。彼が「詩人というものは難解でなければならない」というときに、その「難解」(difficult) という語をわざわざイタリック体にすることで示しているのは、「詩人が難解なわけないですよねえ〜」という了解でもあります。そういう了解があればこそ、poets must be *difficult* という主張は、わざわざイタリック体を用いて言うに足るだけの意味を持つ。ということは、もっと言うと、エリオット自身も「詩人が難解なわけないさ」と思っている。いや、信じている。そして、自分自身の了解をひっくり返すかのように、自分でも自分の言うことにびっくりしながら、「詩人は実は難解でなければならないのです!」と言っている、そういうジェスチャーではないでしょうか。だから、エリオット自身は、そう簡単に知性主義の罠に陥っていたとは思えないのです。

「評論っぽさ」とは？

　冒頭でも述べたように、私たちは批評とはこんなものだろうという常識を持っているように思います。別に大学の人文系の学部で学んでいたり、研究職に就いていたりしなくとも、「批評」という言葉を聞くだけで、それなりのイメージは浮かんでくる。そこにはどうしても、「難解」という印象がつきまとうのではないでしょうか。なぜそうなってしまったのかは簡単には説明しきれない問題ですが、少なくともエリオットの書いたような批評がその一因となったのだろう、ということはあります。ですが、より重要な点は、エリオット自身の書いた批評が必ずしも簡単に「難解さ」に分類される類のものではなかったということです。

　考えてみると、「難解」(difficult) という語は、それ自体、決して難解な語ではありません。きわめて一般的な語です。日本でも高校までには学ぶ程度の語。英語圏でも、わりに成長の早い段階に覚える語でしょう。何しろ、difficult という語には、難解なものをそれと名指して遠ざけてしまうような機能がある。難解さから身を守るには、わけのわからない複雑で難解なものを「あれだ！」と名指すことで隔離もしくは分離する必要があるのです。おそらく人間の知的活動の最初の一歩は、わからないものを「これはわからない」と認識することにあるのではないかと思います。だから、「難解」を名指す「難解」という語そのものは、決して「難解」ではありえない、というわけです。

　その「難解」(difficult) という語をイタリック体にすることでエリオットは、それまでは単なる拒絶反応にすぎなかった「わ

5 難解さへの処方箋

からない！」という知的反応に、別の役割を担わせようとしたのではないでしょうか。拒絶反応は拒絶反応なのですが、それだけでは終わらない何か。それは誰か他の人が語っていることを、完全には理解しきれないまま、それでも話題にする能力ではないかと思うのです。次に引くのは、このエッセーの中でももっとも有名な箇所かもしれません。ハーバート卿とテニスンの作品とを比較した上で、エリオットはその「違い」(difference) について語ります。

The difference is not a simple difference of degree between poets. It is something which had happened to the mind of England between the time of Donne or Lord Herbert of Cherbury and the time of Tennyson and Browning; it is the difference between the intellectual poet and the reflective poet. Tennyson and Browning are poets, and they think; but they do not feel their thought as immediately as the odour of a rose. A thought to Donne was an experience; it modified his sensibility. When a poet's mind is perfectly equipped for its work, it is constantly amalgamating disparate experience; the ordinary man's experience is chaotic, irregular, fragmentary. The latter fall in love, or reads Spinoza, and these two experiences have nothing to do with each other, or with the noise of the typewriter or the smell of cooking; in the mind of the poet these experiences are always forming new wholes. (287)

この違いは、単なる詩人間の程度の差などではない。それはダンやチャーベリーのハーバート卿の時代とテニスンやブラウニングの時代の

間に、イングランドの精神に起きた何かなのである。そこにあるのは、考える詩人と思いに耽る詩人との間の違いなのである。テニスンやブラウニングは詩人であり、そして考える。しかし、彼らは自分の思考をバラの香りを嗅ぐかのように直に感じるわけではない。ダンにとって思考は経験だった。考えることを通し、彼のものの感じ方は変わった。詩人の精神に詩作のための準備が整っていれば、それは恒常的にさまざまな経験を融合させていくことになる。ふつうの人の経験は、混沌とし、不規則で、ばらばらである。恋に落ちたかと思うと、スピノザを読む。これら二つの経験はお互いに何のかかわりも持たないし、タイプライターの音や料理の匂いとも無関係である。ところが詩人の心の中では、これらがいつも新しい全体を形成しているのである。

詩人は怖い？

　エリオットの前に詩作品について語った人がいなかったわけではありません。フィリップ・シドニーも、ドライデンも、サミュエル・ジョンソンも、詩について語っている。ただ、エリオットが新しかったのは、詩の部分を引いてきて、それを分析的に語ってみせる手つきだったと言われています。そこであらためて注目したいのですが、たしかにエリオットは詩の一節を持ってきて語ることをしばしばするけれど、それを単純にパラフレーズしてみたり、自分の主張に組み入れたりはしないのです。上記引用も、テニスンからの引用に続く説明なのですが、パラフレーズどころか、詩行そのものについての具体的な説明はほとんどない。一応、引用を踏まえて話は進むのですが、下線を引いた文では急に It is something which had happened to the mind of England ... と大きな飛躍がある。「イングランドの精神」などといきなり言われると、一瞬目つぶしでも食らっ

たような気分になります。

　細かい詩行の引用から壮大な文学史へ。これはまさに、ダンなどの形而上派詩人が使った、極小から極大へという飛躍を援用したレトリックとも見えます。たしかにそういう側面もあるでしょう。エリオットの場合、議論を掘り下げていきながら、いつの間にか大きな概念や見取り図に話が飛んで決着するということが結構ある。遠近法を上手に使ったフレーム操作——奥行きの創出です。ただ、それだけではなさそうなのです。詩人について語り、その詩行に肉薄していきながら、どこかで距離を置いている。一体化はしない。そこに、後の世代の批評の方法を導いた何かを読むことができるかもしれない。

　上記引用の波線部には「詩人」(a poet) という言葉が出てきます。不定冠詞だから、誰だかはわからない。自画像に近いのかもしれません。ただ、自画像であるかもしれないにもかかわらず、何となく距離があるのはおわかりでしょう。恋に落ちたり、スピノザを読んだり、あるいはタイプライターの音が聞こえてきたり、料理の匂いがしたり、という例を通して典型的に浮かんでくるのは、自然主義小説を思わせる換喩的なイメージの連鎖です。つまり、心の中に踏み入ったことによる、「共感」をベースにしたイメージの連鎖ではなく、出来事同士がたまたまつながっていることによる、「偶発性」による連鎖。そこから連想されるのは、有機的な一体感ではなく、本来無関係なものが結びついてしまったという感覚でしょう。

　このような例を通してエリオットが示すのは、「詩人」に対する距離感ではないでしょうか。微妙によそよそしい態度が、エリオットの側にある。どこかに、「この人とは関係ない」とか

「この人は、よくわからない」とでも言いたそうな姿勢が読める。でも、関係ないからこそ、言えることもある。どうも詩人というのは、何を考えているのか、何を言っているのか、よくわからない。でもそれでいいんだ、という了解がそこからは芽生えてくるのです。わからないから、無視する、否定する、ということではなく、わからないものを、世の中はわからないものでできているのだ、とでもいう開き直りとともに穏便に理解する。これは一種の技術でしょう。それが、エリオット流の「批評」というシステムだったのかもしれない。

　もうひとつ有名な一節を引きましょう。

On the other hand, some of Donne's most successful and characteristic effects are secured by brief words and sudden contrasts:

　A bracelet of bright hair about the bone,

where the most powerful effect is produced by the sudden contrast of associations of 'bright hair' and of 'bone'. This telescoping of images and multiplied associations is characteristic of the phrase of some of the dramatists of the period which Donne knew: not to mention Shakespeare, it is frequent in Middleton, Webster, and Tourneur, and is one of the sources of the vitality of their language.　　　　　　　　　　　　　　　　　　(283)

これに対し、ダンのいかにも彼らしいうまい効果は、短い言葉と意表をつくコントラストによってつくられている。

5 難解さへの処方箋

　骨にからみついた明るい色の毛の腕輪

ここでは「明るい色の毛」と「骨」とがそれぞれ暗示するものが意表をつくようなコントラストをなし、最大の効果を生んでいる。このようなイメージや増殖した連想の圧縮は、ダンも知っていた時代の劇作家の作品にもあったものである。シェイクスピアは言うに及ばず、ミドルトン、ウェブスター、ターナーなどにもよく見られ、彼らの使う言葉の活力源となっていたのである。

　ダンの詩が「形而上派」と呼ばれるようになったのは、このような突飛なイメージが頻繁に繰り出されたためです。そのことをエリオットはいわばおさらいしているのですが、ダンの詩行についてのコメントはごくあっさりと終わります (sudden contrast of associations of 'bright hair' and of 'bone')。下線を引いた箇所をご覧いただければわかるように、その後、話題は「ダンが知っていた」という当時の劇作家へと流れてしまいます。まるでダンと面と向かって話をするのが恥ずかしくて、そこにいない人に話題をそらすように。

　エリオットは焦点を定めないのです。特定の対象に的をしぼったりはしない。ちょっとした対人恐怖症とも見えるような振る舞いかもしれません。どうも「人間」というレベルに焦点が定まるのを恐れているように見える。話題は明らかに詩人なのに、ひとりひとりの詩人を正視しない。そうではなくて、詩人と詩人の関係、詩人と作品の関係、詩人と歴史、詩人と社会というように、つねに議論が散っていく。特定の対象にのめりこんで、「こうなのだ！」と力ずくで理解しようとしたりはしない。少なくともこのエッセーでは。

これを欠点だと言う人もいるかもしれませんが、私にはむしろそこがこのエッセーの魅力に見えます。実はエリオットには個別の詩人論や作家論はたくさんあり、そこで断じるような論調がとられることはままあります（たとえば「ミルトン論Ⅰ」）。おそらくエリオットがこのように焦点を定めずに、なかば理解を回避するかのように語ることができるのは、彼がある程度共感し、評価できる対象ゆえなのかもしれない。そこはわかりません。とにかく、このような接し方をすることでこそ、表現できることはあるように思います。

一生懸命やらない
　批評というものが、基本的に何かについて語るものであるとするなら、一番難しいのは、いったいどういう地点からその何かに立ち向かうのか、という問題でしょう。友達なのか、知り合いなのか、敵なのか。あるいは伝え聞いただけの、はるか遠い存在とか、逆に自分の分身とも言えるような存在とか。
　しかし、批評を持続的に書いていくなら、書くたびにそういう関係性をいちいち模索するというのはたいへんなことです。相手に合わせて体勢を変えるのはもちろん誰でもすることで、ある程度は仕方ないでしょうが、毎回こちらから出張していくのではなく、できれば自分専用の応接室のような場所があるといい。そこに相手を招き入れるようにしたい。
　エリオットの批評は、そういう応接室作りのヒントを与えてくれるように思います。作品の言葉と渡り合うのではない。対決したり、愛したり、噴飯したりするのではない。むしろ作品を横目で見る。正視しない。仲良くなりすぎない。変に理解し

すぎたり、のめりこんで語ったりもしない。そうすると、批評の言葉と作品の言葉との間に、落差が生まれる。その落差とともにあることで、批評はたいへん自由になれるのではないか。

　最後にもうひとつ例を引きましょう。例の「感受性の乖離」(dissociation of sensibility) という一節のある箇所です。

We may express the difference by the following theory: The poets of the seventeenth century, the successors of the dramatists of the sixteenth, possessed a mechanism of sensibility which could devour any kind of experience. They are simple, difficult, or fantastic, as their predecessors were; no less nor more than Dante, Guido Cavalcanti, Guinicelli, or Cino. In the seventeenth century a dissociation of sensibility set in, from which we have never recovered; and this dissociation, as is natural, was aggravated by the influence of the two most powerful poets of the century, Milton and Dryden. Each of these men performed certain poetic functions so magnificently well that the magnitude of the effect concealed the absence of others.　　　　　　　　　　　　　　　(287–88)

この違いは以下のような理論で表すことが可能だろう。17世紀の詩人は16世紀の劇作家の後を受け、どんな種類の経験をも貪欲に吸収する感受性のメカニズムを持っていた。彼らは先輩たちと同じように素朴にもなれば、難解にもなる、幻想的になることもある。ダンテやグイド・カヴァルカンティ、グイニチェリ、チーノとまさに同じである。この17世紀に感受性の乖離が始まった。そして我々はそこからずっと回復していないのである。この乖離は、当然のことながら17世紀にもっとも影響力のあった二人の詩人ミルトンとドライデンによって、より深刻

なものになった。この二人はいずれもある種の詩の機能を実にうまく使いこなしたので、その効果の大きさのために、何かが欠けていることが見えなくなってしまったのである。

エリオットがここで導き出す「乖離」(dissociation) という概念はたいへん象徴的です。エリオット批評に引っかかってくるのは、没入や感動や躍動といった要素よりも、乖離や断絶や違和感なのです。エリオットの感受性のツボは、昂揚の体験よりも、わからなさや疎外感の触知にこそある。考えてみると、ダンの 'A bracelet of bright hair about the bone' という一節に注目する眼差しも、異なる要素が結びついている、そのコントラストの妙を捉えたものでした。

　エリオットの論点は、17世紀に「イングランドの精神」に、何か得体の知れない出来事が起きてしまった、というところにあります。何かが変わってしまった、というのです。詩のあり方が決定的に変化した。もちろん、エリオットはその説明を、狭いスペースの中で実に手際よくやってくれるので、ある程度詩に馴染んでいる人は、「ああ、そうか」と思うような話になっている。ごく少ない人名と引用で話を進めるその要領の良さは、ほとんど芸の域に達しています。でも、エリオットは決して議論したり証明したりはしていない。むしろ議論せず、証明せず、実にあっさりと、淡々と、当たり前のように語っているだけ。まるきり脱力しているように見える。

　脱力するからこそ、伝わってくることがある。それは、詩には詩の言葉というものがあるらしい、という距離の感覚です。批評の言葉が詩の言葉を乗っ取ったり、あるいは詩の言葉が批

評の中に侵入してきたりするのではない。批評の言葉が行うのは、あくまで、隔絶した不可解な言葉の世界が、そ゛こ゛に゛あ゛る゛、という指し示しのような仕草。今の引用でも、詩の言葉に言及する一節は、実に巧妙に接近や模倣を避けています：The poets of the seventeenth century, the successors of the dramatists of the sixteenth, possessed a mechanism of sensibility which could devour any kind of experience. They are simple, difficult, or fantastic, as their predecessors were ... あくまで距離を保った言い方に終始しています。遠巻きにして指し示すかのようです。

　だから私たちも、そうか、たしかにそ゛こ゛に゛あ゛る゛、と思えばいい。「イングランドの精神」などと言うとやけに勇ましく聞こえてしまうのですが、むしろその意味不明さこそが大事なのです。「イングランドの精神」など、結局何のことかわからない。でも、詩の言葉は残る。浮かび上がる。一方にダン、マーヴェル。他方にミルトン、ドライデン。それからテニスン、ブラウニング。それぞれが、まるで遠方から来た旅人みたいに、エリオット批評の応接室にひしめいている。お互い明らかにかみ合わないながら、語り続けている。それを「ほら、……」と指し示すホストがいる。これがエリオットの批評なのです。

　批評の言葉はメタレベルに立ったものだと言われます。作品から一歩上に立って見下ろす。いくつもの作品を眺め渡す。しかし、メタレベルというのはそうたやすくたどり着けるものではありません。メタレベルで語るというのは、当たり前のようにできることでは決してない。力をこめて一生懸命やればいいというのは大きな誤解。力をこめればこめるほど、悪い意味で

難解で複雑な言葉になるだけです。そんなことではメタレベルになど、到達できるわけもない。難解さを「難解だ」と名指すことで力を抜く技術、エリオットから学びたいものです。

注
1 書評誌 *Times Literary Supplement (TLS)* のこと。もともと1902年に新聞 *The Times* の付録として創刊され、1914年からは独立した出版物となりました。エリオットをはじめ、ヘンリー・ジェイムズ、ヴァージニア・ウルフなど著名人が寄稿したことで知られています。記事は長らく無署名でしたが、1974年からは署名入りです。
2 イタリック体の使い方にこめられうるいびつさについては『英語文章読本』7章「イタリック体」を参照。

T・S・エリオット (1888–1965)

アメリカ生まれの詩人・批評家・劇作家。イギリスに渡り、後に帰化。実験的な長篇詩『荒地』(1922) は20世紀モダニズム文学の金字塔となった。批評家としては、形而上派詩人の再評価をはじめ、ミルトン批判、ロマン派批判など、モダニズムの理念を背後にもつ論陣を張った。

英語名言読本 ⑤

華麗に恋愛を語る
ウィリアム・シェイクスピア『ソネット集』

ソネットを捧げる相手

　英詩の最高峰と言えばシェイクスピアの『ソネット集』。騎士が貴族の女性に求愛し忠誠を誓うという当時流行の"宮廷風恋愛"(courtly love)の様式を想起させつつも、この詩人ならではの言葉のマジックを自由に駆使した、まさに官能と遊び心の宝庫である。

　『ソネット集』は名言と縁が深い。演劇作品でもそうだが、シェイクスピアは古今東西の名言を借用して、作品の中であらたな生命を与えるのが得意。パンチの効いた格言が『ソネット集』のあちこちに出てくる。

　ルネサンス期に流行したソネットは、何より恋愛を語るための形式だった。14行という限られたスペースで、賛

美し、気持ちを吐露し、相手を"落とす"。シェイクスピアの『ソネット集』もそんな定型にならっているが、ひとつ特異な点がある。恋愛の相手である。多くのソネットは身分の高い女性に向けて騎士が求愛するというパタンになっている。シェイクスピアのソネットも恋愛相手の身分が高いという点は同じ。ただ、相手が男なのだ。『ソネット集』は全部で154のソネットからなるが、そのうちの126番まではある若い男性に向けて書かれている。この青年のモデルがいったい誰なのかは議論百出で、有力な候補はペンブルック伯ウィリアム・ハーバートやサウサンプトン伯ヘンリー・リズリーなど貴族である。

嘆きのレトリック

この青年はどのように登場するのだろう。とくにおもしろいのは冒頭から17番までのいわゆる「子作りソネット」(procreation sonnets)である。そこでは「あなたのように美しい人は是非、子孫を繁栄させて自分の美しさをのちの世に残すべきだ。さっさと結婚しなさい」と説かれている。随分不思議な恋愛詩である。でも、そんな表向きのメッ

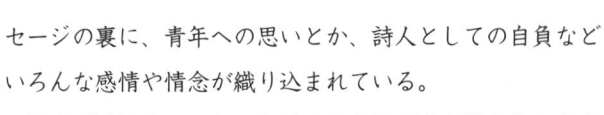

セージの裏に、青年への思いとか、詩人としての自負などいろんな感情や情念が織り込まれている。

例えば17番。ソネットはそれ自体が14行からなる名言のようなものだと言ったが、まさにこのソネットなど、その出だしの素早い論理展開からしていかにも名言風だ。

Who will believe my verse in time to come
If it were filled with your most high deserts?
Though yet, heaven knows, it is but as a tomb
Which hides your life and shows not half your parts

未来の誰が　私の詩に書いてあることを本気にするだろう
もし私の詩が　あなたのすばらしい部分をあげつくしたりしたら？
たとえ　神のみ知ることだが　私の詩は墓にすぎず
あなたの命を隠し　あなたの持つものの半分も見せないとしても

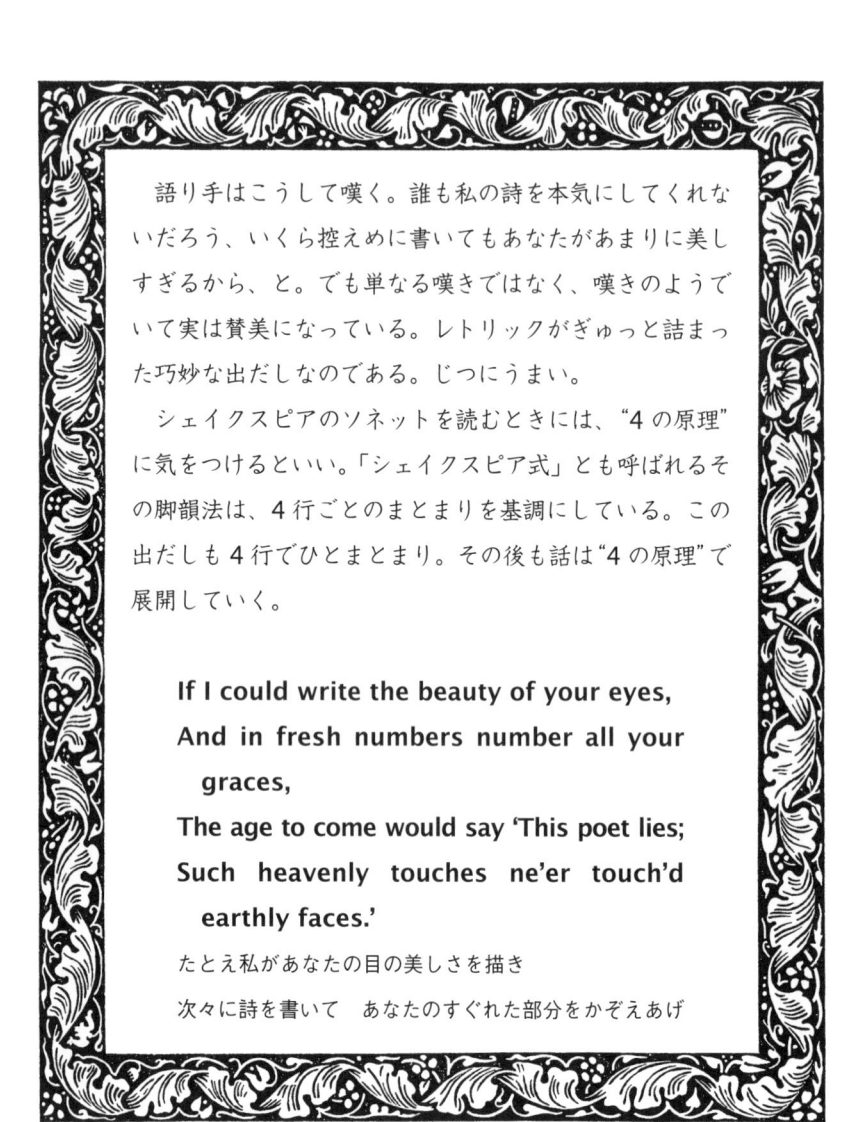

語り手はこうして嘆く。誰も私の詩を本気にしてくれないだろう、いくら控えめに書いてもあなたがあまりに美しすぎるから、と。でも単なる嘆きではなく、嘆きのようでいて実は賛美になっている。レトリックがぎゅっと詰まった巧妙な出だしなのである。じつにうまい。

　シェイクスピアのソネットを読むときには、"4の原理"に気をつけるといい。「シェイクスピア式」とも呼ばれるその脚韻法は、4行ごとのまとまりを基調にしている。この出だしも4行でひとまとまり。その後も話は"4の原理"で展開していく。

If I could write the beauty of your eyes,
And in fresh numbers number all your graces,
The age to come would say 'This poet lies;
Such heavenly touches ne'er touch'd earthly faces.'

たとえ私があなたの目の美しさを描き
次々に詩を書いて　あなたのすぐれた部分をかぞえあげ

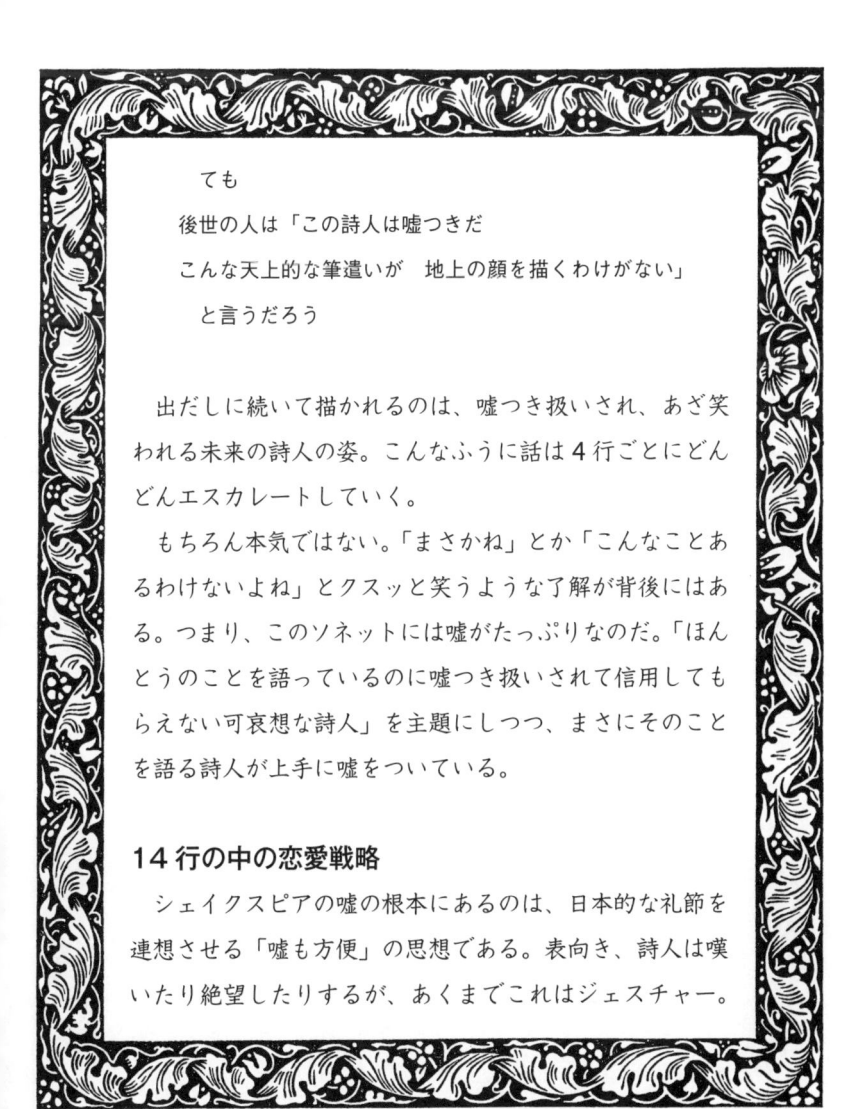

ても
　後世の人は「この詩人は嘘つきだ
　こんな天上的な筆遣いが　地上の顔を描くわけがない」
　　と言うだろう

　出だしに続いて描かれるのは、嘘つき扱いされ、あざ笑われる未来の詩人の姿。こんなふうに話は4行ごとにどんどんエスカレートしていく。
　もちろん本気ではない。「まさかね」とか「こんなことあるわけないよね」とクスッと笑うような了解が背後にはある。つまり、このソネットには嘘がたっぷりなのだ。「ほんとうのことを語っているのに嘘つき扱いされて信用してもらえない可哀想な詩人」を主題にしつつ、まさにそのことを語る詩人が上手に嘘をついている。

14行の中の恋愛戦略
　シェイクスピアの嘘の根本にあるのは、日本的な礼節を連想させる「嘘も方便」の思想である。表向き、詩人は嘆いたり絶望したりするが、あくまでこれはジェスチャー。

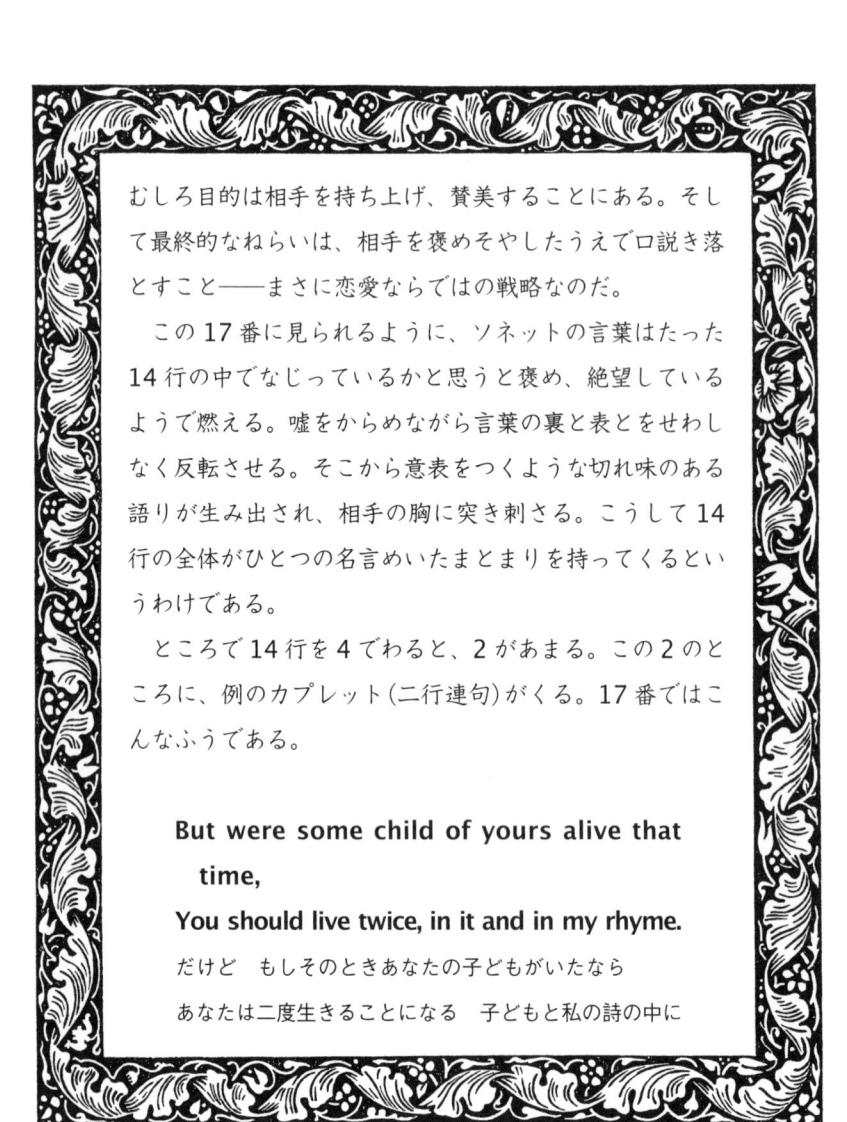

むしろ目的は相手を持ち上げ、賛美することにある。そして最終的なねらいは、相手を褒めそやしたうえで口説き落とすこと——まさに恋愛ならではの戦略なのだ。

この17番に見られるように、ソネットの言葉はたった14行の中でなじっているかと思うと褒め、絶望しているようで燃える。嘘をからめながら言葉の裏と表とをせわしなく反転させる。そこから意表をつくような切れ味のある語りが生み出され、相手の胸に突き刺さる。こうして14行の全体がひとつの名言めいたまとまりを持ってくるというわけである。

ところで14行を4でわると、2があまる。この2のところに、例のカプレット(二行連句)がくる。17番ではこんなふうである。

But were some child of yours alive that time,
You should live twice, in it and in my rhyme.
だけど　もしそのときあなたの子どもがいたなら
あなたは二度生きることになる　子どもと私の詩の中に

も生きるのだから

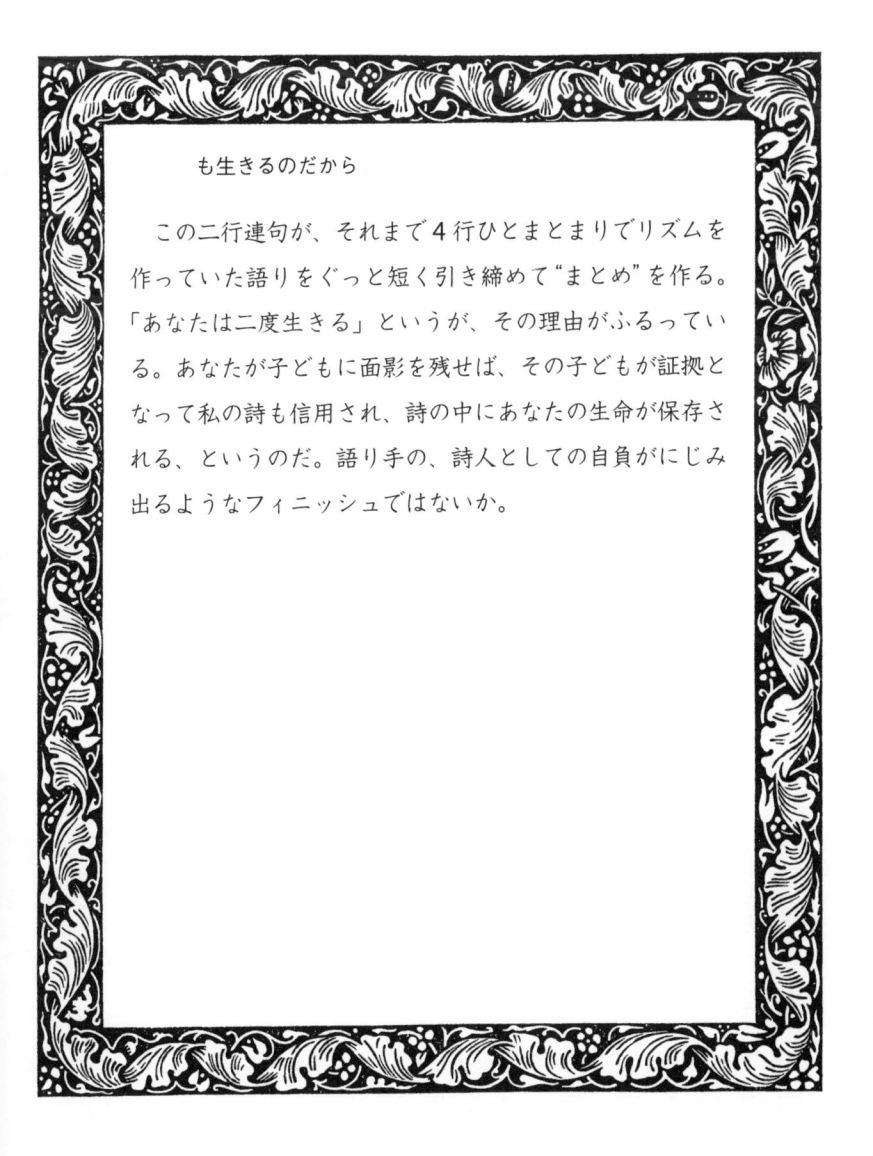

　この二行連句が、それまで4行ひとまとまりでリズムを作っていた語りをぐっと短く引き締めて"まとめ"を作る。「あなたは二度生きる」というが、その理由がふるっている。あなたが子どもに面影を残せば、その子どもが証拠となって私の詩も信用され、詩の中にあなたの生命が保存される、というのだ。語り手の、詩人としての自負がにじみ出るようなフィニッシュではないか。

6

議論

白か黒かで語る
レイモンド・ウィリアムズ『田舎と都会』

困ったときの論文作法

　日本で学校に通った人なら、一度ならず読書感想文なるものに悩まされた経験はお持ちでしょう。料理を出されて、「さあ、食べて感想を言え」と言われたら、間違いなく食欲は落ちると思うのですが、この読書感想文という課題はなぜか長く教育の現場で生き延びてきました。

　もちろん一部の賢い子供は、感想文を書くためのコツをちゃんとわきまえています。学校時代、読書感想文コンクールというと、いつも同じような生徒が表彰されていたのを筆者もよく覚えています。彼らは、何をどう書けばいいかちゃんとわかっていた。こう書けば先生が喜ぶだろうなということを知っていました。どんな課題、どんな試験でも同じですが、要するにいい点数をもらえるのは、出題者のコミュニケーションの方法を察することができる子供なのです。

　そのコツはどのあたりにあるのでしょう。重要なのは、論を立てるための装置です。「〜とはどういうことか？」「なぜか？」と疑問形で問えるような引っかかりを見つけ、そこにスポットを当てること。問うというのは、人間の知的活動の中でも一番原型的なものです。知的にゾクゾクさせてくれる話というのは、必ずと言っていいほど問うことを出発点にしている。うまくそこに持ちこめば、読む者も内容に引き込まれやすくなります。

　でも、一口に「問う」と言っても、これがたいへん難しい。論文を書くときの苦労も、まさにこれに尽きます。たいていは、うまい問いなど見つかりはしないのです。だから、論文の常套手段は、先人が立てた優れた問いを蒸し返す、とか、すでに出されている答えに疑義を呈するといった方法です。「〜を再考す

る」といったフレーズが、論文や本のタイトルでよく見られるのはそのためです。

ところで、こうした常套手段に加えてもうひとつよく使われる方法があります。比較です。対立するものをあらためて見比べてみると、おもしろい発見に結びつくことがあります。たとえば男と女。西洋と東洋。文明と未開。さらには関東と関西。巨人と阪神。水と油。もしくは逆に、一見同じだと思っていたのに、よく見てみると対立しているということもあります。こうなると矛盾、逆説、アイロニーといった話になってきます。「～というのは皮肉というほかない」というのは、ちょっと大人な読書感想文（と文芸批評）の決め台詞ですが、ひとりの登場人物の中にふたつの対立する側面（「男らしさ」と「女らしさ」とか、「誠実さ」と「詐欺師っぽさ」など）を見つけ、あれこれ例をあげながら「いったい、どっちなんでしょうねえ～?」と吟味するのは、とても有効な思考の方法です。「二項対立」という用語で、こうしたパタンに馴染んでおられる方も多いでしょう。

しかし、二項対立が論を立てるための切り札になるわけではありません。むしろ、比較というのは問題設定が楽な分、論そのものの行く先が予想可能というのでしょうか、タイトルを見ただけでも「ありがちだなあ～」という感想を抱かせる退屈なものとなる危険性があります。白か黒か？　という議論では、どうしても「白！」「黒！」「どっちもなし！」「両方あり！」という程度の結末しかないからです。

しかし、世の中にはすごい人がいるものです。ほんとうにありふれた、つまらなそうな素材を前面に押し出して、しかも驚くほど精妙で、波乱に満ちて、奥行きがあり、刺激に満ちた

「論」を展開してみせる人がいる。本章で取り上げるレイモンド・ウィリアムズの『田舎と都会』は、まさにそんな書物です。田舎と都会という対立は、イギリス文化圏では長らく当たり前のように前提とされてきたものです。しかし、ウィリアムズは「ちょっと待て」と言う。もちろん「ちょっと待て」くらいなら誰でも言えるわけですが、そこから先がすごい。ウィリアムズがとりあえず言うのは、「みなさんは、田舎と都会は正反対のものと考えているようだが、そうでもないんですよ」という程度のことなのですが、この問題設定を取っかかりに、田舎 vs 都会という対立とからむような、文化のさまざまな局面に潜む先入観が次々に俎上に載せられ、ありとあらゆる（と見えるような）引用を手助けに、二項対立的なものの考え方そのものが徹底的に揺さぶられ、解体される。おかげで読者は、以前と同じような枠組みではものを考えたりできないという境地へと追いこまれてしまうのです。

　もちろん、ウィリアムズにも特有の癖はあります。ああ、このあたりがこの人の宿痾なんだな、というようなこだわりめいたものも目につく。でも、そうした部分も含めて、ウィリアムズは「揺さぶり」の対象としているようなのです。ウィリアムズ以降のこの何十年、「二項対立を揺さぶるぞ、解体するぞ」と宣言するような論文や本は山のように生産されてきましたが、そのほとんどはとてもウィリアムズの地点には到達していないと思えます。その背景にあるのは、もちろん著者の広範な知識と教養であり、的確な引用をするセンスであり、問題にからむしつこさなのですが、とりわけ大事なのはウィリアムズの文章でもあると思います。ウィリアムズは決して観念の操作のみに

延々と没頭するような鈍重な学者ではなく、実にエレガントに文章を使いこなす文筆家でもある。その文章術をすべて解き明かすというわけにはいかなくとも、ウィリアムズの文章のいったいどのあたりが、田舎と都会という一見ありふれた二項対立をうまく展開させるのに役立っているかを確認したい。最終的に鍵となるのは、structure of feeling という表現です。structure と feeling という語が組み合わさっている。『田舎と都会』の鍵となると言ってもいいこのフレーズには、ウィリアムズの文章術の大事な部分が凝縮された形でこめられています。それがどういうことかを説明するのがここでの目標になります。

訥弁の使い方

前章で扱ったT・S・エリオットの文章は、言葉遣いは平易でしたが、その平易さにはいかにも「あなたのためにやさしくほぐしてあげるのですよ」という態度がこめられていて、何となく教師臭いと思う人もいたかもしれません。エリオットの文章はどんなにやさしく書かれたものでも、どこかで「この書き手は、読者より一歩先を行っているのだ」と思わせるところがあった。

ウィリアムズは対照的です。明らかにエレガントで、場合によっては難解だったり、知的に先鋭だったりするのに、エリオットのように「先を行っている」とは感じさせない。むしろ「遅れて、後ろからついてきている」と思わせるようなところがある。よく、うまい詐欺師というのは、訥弁で、どもったり、たどたどしかったりすると言います。ウィリアムズを詐欺師に喩えるつもりは毛頭ないのですが、この人が上手に訥弁を使いこ

なす様を見ていると、ちょっとそんなことを思い出したりもするのです。

　例を見てみましょう。最初に取り上げるのは、冒頭の「田舎と都会」という章です。ウィリアムズがここで述べるのは、この本は自分が長年温めてきたテーマを元にしたものであり、これまで書いたものや調べたことの集積であるといった事柄です。ただそれだけではない、自分はしかと都市や田舎を体験した、その個人的な体験こそがすべての土台にあるのだと強調する。そういう個人的な何かがなければ、しれっと議論を展開しても意味がない、と言わんばかりです。どうしても、この個人的な部分は譲れないという。それを踏まえてウィリアムズは、「一口に田舎と言っても、いろいろあるのだ」というところに話を進めます。このあたりの語り口に注目してみてください。ちょっと変なところがないでしょうか。

This book is the result, but though it often and necessarily follows impersonal procedures, in description and analysis, there is behind it, all the time, this personal pressure and commitment. And since the relation of country and city is not only an objective problem and history, but has been and still is for many millions of people a direct and intense preoccupation and experience, I feel no need to justify, though it is as well to mention, this personal cause.

Thus at once, for me, before the argument starts, country life has many meanings. It is the elms, the may, the white horse, in the field beyond the window where I am

writing. It is the men in the November evening, walking back from pruning, with their hands in the pockets of their khaki coats; and the women in headscarves, outside their cottages, waiting for the blue bus that will take them, inside school hours, to work in the harvest. It is the tractor on the road, leaving its tracks of serrated pressed mud; the light in the small hours, in the pig-farm across the road, in the crisis of a litter; the slow brown van met at the difficult corner, with the crowded sheep jammed to its slatted sides; the heavy smell, on still evenings, of the silage ricks fed with molasses.   (3)

この本はその結実である。ただ、その描写や分析の多くが、必然的に、一般論の形をとるとはいえ、背後にはつねにこうした個人的な重圧や責任がからんでいる。そして田舎と都会との関係は客観視して歴史上のこととして処理すべき問題であるだけではなく、これまでも、そして今現在も、何百万という人々が我がこととして強い考えを持っていたり体験をしてきたりしたことなのだから、このような個人的な事情がからむのは至極当然である。もちろん、そうした事情を明らかにしておくのは、悪いことではないだろうが。

　そういうわけで議論を始める前からただちに、私にとって田舎の生活は多くのものを意味する。それは執筆していると窓の外の野原に見える、楡やサンザシや白馬である。それはまた 11 月の夕暮れ、木の剪定を終え、カーキ色のコートのポケットに手を突っ込んで戻ってくる男たちである。それはスカーフを頭にかぶった女たちであり、彼女たちは自分の住む田舎家の外で、授業時間中に収穫の仕事をしにいくため、青いバスを待っている。それは道を走るトラクターであり、その後には刻み目のついた泥が固まって落ちている。真夜中、道の向こうの養豚場には灯がともり、どうやら子豚たちが一度に生まれて大わらわらしい。急な曲がり角をゆっくり走る茶色の小馬車は、小割板を荷台の脇に立ててた

くさんの羊を押しこんでいる。静かな晩には、糖蜜をまぜて発酵させた干し草の強烈な臭い。

読み進めていくと、ふたつ目の段落になってから急に「もの」がたくさん出てくるなあ、という感じがします。これは文章の流れを考えると少し妙です。そもそもふたつ目の段落の発端となっているのは、country life has many meanings という箇所です(直訳すれば、「田舎の生活といっても、いろいろな意味がある」となるでしょう)。これに続いて、ではその心は？ とばかりに「田舎の生活のいろいろな意味」の内容にあたる言葉が続いていくわけですが、実際には meaning を説明するというよりは、ひたすら「もの」が並ぶ。言葉を貨幣のように用いてスムーズに身軽に話を進めるかと思いきや、急に物々交換がはじまったかのような印象なのです。広がりや効率よりも、どかっと目の前をふさぐような物質的存在感 (presence) がある。急に語り手が不器用になったかのようでもある。

　ここでは説明ではなく、描写が行われているのです。さあ、どうぞ、と言う。つべこべ理屈をこねるより、まずは実物を見てください、と。まるで小説のようです。作品のようである。「詩的」(poetic, lyrical) とか、「喚起的」(evocative) とか言いたくなるかもしれません。そうなのです。読んでいて思わずうっとりする。批評書を読んでいることさえ忘れそうになる。とくに It is the elms, the may ..., It is the men in the November evening ..., It is the tractor on the road ... と頑固に同じ構文が連ねられているところなどは、反復のおかげで陶酔感や、さらには思考の停止へと誘われ、田舎を分析的に語るというより

は、田舎そのものの中に歩み入っていくような気分になります。イメージの連鎖にしても、樹木や馬から夕暮れを歩く人間へ、さらにはトラクターの作業へというふうに微妙に枠組みの種類や大きさを変化させているあたりには、頭で機械的に整理したとは思わせない、ほどよい乱雑さが組み込まれていて、外界を知覚するというプロセスそのものが、偶然に左右されうる生命的な出来事の一環として伝わってくるかのようです。ああ、たしかに何かがそこにある、その何かと出会うことで生きている人がいる、と感じさせる。

　でも、やはりちょっと変なのです。あらためて country life has many meanings のあたりに注目してみましょう。田舎の生活の「意味」(meaning) を、名詞を列挙することで示す。これは、文法的にはおかしなことではありません。mean はいわゆる繋辞で、「イコール」を表す語と考えられるわけですから、そのあとに「田舎の生活」なるものを表す具体的なイメージが来ても、論理が破綻しているとは言えない。問題はその前の部分です。ふたつ目の段落の第一文を見直してみましょう：Thus at once, for me, before the argument starts, country life has many meanings. ここに出てくる before the argument starts という言い方はある種のニュアンスを背負った言葉です。いかにも批評的な言い回し。議論のための言葉。知的に武装している。なぜそう感じるのか。何となく、つべこべ言っているなあ、という感じがしないでしょうか。Thus にしても、at once にしても、for me にしても、さらには before the argument starts にしても、どれも副詞的な「前置き」です。ほんとうに言いたいことを提示する前の、「言い訳」と言ってもいい。それがやけに多

い。それで議論風な感じがある。理屈をこねている、という雰囲気が出る。さらにその前の段落まで遡ると、この傾向がもっと強まります：And since the relation of country and city is not only an objective problem and history, but has been and still is for many millions of people a direct and intense preoccupation and experience, I feel no need to justify, though it is as well to mention, this personal cause. 短いスペースの中に objective problem とか history, intense preoccupation, experience, justify, personal cause とたいへん外縁の広い語が頻出して、抽象的で堅苦しいという印象があるし、何より下線を引いたあたりに表れているように、ここでも前置きを連ねて、つべこべ言っているという感じがある。

　先の before the argument starts の argument とは、まさにこのような種類の——つまりいかにも理屈をこねているという——抽象性を指していたのです。指すことで、それ自体がそうした理屈っぽさを帯びることになる。「まだ議論ははじめませんよ」と言いながらも、議論をはじめる云々を話題にすること自体が議論的な、つまり「論」的な言語環境に片足を踏み入れることにつながっている。

　そこで出てきたのが meaning という語だったわけです。このように抽象語と理屈の頻出する「論」的な言語環境の中で、country life has many meanings と言われたら、当然ながら、私たちは meanings の答えとして抽象的な言葉による説明を期待する。ところが、実際に私たちに与えられるものはその逆です。抽象語による分析や説明ではなく、驚くほど具体的な語を用いた例示 (exemplification) による描写。上へ、メタレベルへ

と向かうものとばかり思っていたら、逆だったのです。下へ、ベタなレベルに下りてきた。ああ、そういえば、たしかにウィリアムズは before the argument starts と言っていた。アリバイはあったのです。「論」の口調で語っているからつい騙されたけど、「「論」はまだはじめませんよ」と断っている。でも、逆もまた真ではないか。つまり、「「論」はまだはじめませんよ」と断っているけど、まさにそうすることで私たちを「論」に誘いこんでもいるのではないか。

　ウィリアムズの木訥とした感じというのはこのあたりのことです。陶酔感に満ちた描写を繰り広げてしまうこと自体は、珍しくはない。度が過ぎれば書き手の見苦しいナルシシズムを露出することにつながるとはいえ、批評書でもそうした文章をうまく使っているものはあります。でも、それがウィリアムズの最終目標ではありません。たしかにこの本の、とりわけ第1章はたいへん美しいけれど、美しい描写で陶酔させること自体が目的なのではない。そうではなくて、そういう美しいうっとりするような描写と、議論や理屈との間にあるもの、つまり具体性と抽象性との間にあって、ふだんはなるべく目立たないように隠されならされている部分を、ことさら目につくように剝き出しにすること。あれ？　と思わせること。不協和音を響かせ、まるで書き手が不器用、不用意で、不親切であるかのように振る舞い、そうすることで、もっと別のことに私たちの注意を向けること。それが最終目標なのです。

「もの」で語る

「もの」のあふれる描写はこのあとも続きます。準備運動のようにして、自然をめぐるいくつもの二項対立が取り上げられていきます。たとえばウィリアムズの生まれ育ったブリテン島西部のウェールズと、研究者として生活するイングランド東部のケンブリッジとは、地形的にも対照的。それを、ウィリアムズはあえて「もの」の言葉で語ります。

As I said, I was born in a village, and I still live in a village. But where I was born was under the Black Mountains, on the Welsh border, where the meadows are bright green against the red earth of the ploughland, and the first trees, beyond the window, are oak and holly. Where I live now is in the flat country, on a headland of boulder clay, towards the edge of the dikes and sluices, the black earth of the Fens, under the high East Anglian skies. (3)

前にも触れたように、私は村に生まれ、今でも村に住んでいる。ただ、私が生まれたのはブラック山地の麓でウェールズとの境界にあり、青々と茂る草が畑の赤土にくっきりと映えるような所だ。窓の外で最初に芽吹くのはオークや柊である。今、私が住んでいる土地は平坦で、石灰岩の漂礫土が突き出た場所であり、堀や水路に接している。湿地の黒々とした土の上には、イーストアングリア特有の高い空が広がっている。

---

where I was born was under the Black Mountains なんていう素朴な言い方、まるでウィリアムズの生家とブラックマウンテ

ンとが、目の前に並んでいるような気になります。～があって、それから～があって、と目で追うようにして並んだものを眺め渡す視線には、なるべく変換しない、要約しない、翻訳しないという態度がはっきり見てとれるでしょう。起伏に富んだウェールズの地形と、平坦で湿地の多いケンブリッジの地形という対立が、頭で整理されて比較対照されるのではなく、ただ並置されている。

そんな語り口は、さらに別の二項対立を導きこむ際にも引き継がれています。丘陵地帯にも、湿地帯にも、それぞれの中にまた二項対立があるのだ、という話になってくるのです。

That physical contrast is continually present to me, but it is not the only contrast. Within that Black Mountain village, as again here, <u>there is a deep contrast in which so much feeling is held</u>: between what seems an unmediated nature—a physical awareness of trees, birds, the moving shapes of land—and a working agriculture, in which much of the nature is in fact being produced.

(3; 下線は引用者による)

そうした物理的なコントラストはずっと私の中に残ってきたが、コントラストはそれだけにとどまらない。ブラック山地の村には、ここと同じように、大いなる感情のたたえられた深いコントラストがある。それは手つかずの自然と見えるもの——木や鳥や変化する土地の形の物理的な意識——と農業的に活用されているもの、つまり自然と見えても実際には人間の手で作り出されているもの、との間のコントラストなのである。

自然といっても、そのままの自然と、人間によって作り出され農業生産の一環となっている自然とがある、という話です。こうして次々に二項対立が導きこまれ、いったんできあがったかに見えた対立項が次々に崩されていく。ただ、これは一見知的な操作のようにも見えるのですが、おもしろいのは、そういう作業を行うのに鍵となっているのが、下線を引いた部分にもある「感情」feeling という語だという点です。なぜ「感情」なのか。なぜ「感ずる」feel ということにこだわるのか。

　どうやらウィリアムズは、「もの」のレベルのことを、なるべく「もの」のレベルにとどめたまま語ろうとしているようなのです。feel とは実に素朴で、粗い感覚です。どんなことについても言えるくらいに大ざっぱ。洗練された微妙な言い回しに翻訳される以前の、人間と外界との接触の第一段階を指す。音としても単純です。一音節で、しかも長母音。誰でも口にすることができそうなくらい、おだやかでやさしい響きを持っています。[1] ウィリアムズは、一方にこの feel に由来する feeling という名詞をおいて、ものや自然や田舎と、人間との接触をとらえようとした。しかも、とらえただけで、なるべくそれ以上は言わないようにした。feeling という言葉で、とりあえず打ち止めにしておく。自然を手つかずのまま置いておこうとするかのように。しかし、他方でウィリアムズはこの feeling という語を、structure という、実に先端的で観念的な言葉とつなげて structure of feeling などという実にバランスの悪い、醜悪でさえあるような表現を作るのです。どうしてでしょう。

読者より遅れること

　実は structure of feeling というフレーズに内在するこのバランスの悪さこそが、『田舎と都会』におけるウィリアムズの議論の進め方と大いに関連しているのです。先ほど取り上げた冒頭の章では、ウィリアムズは「もの」を指し示すために主に自身の田舎体験を素材にしていました。生まれ育ったウェールズの自然を、説明的な言葉には還元できないような「もの」として提示する。ウィリアムズの話の進め方は、例外もあるとはいえ、しばしばこうしたパタンをとります。まずは議論の前に「もの」。ただ、第2章以降では、「もの」が自身の体験からとられるのではなく、文学作品からの引用によっています。

　たとえばジョージ・クラブの「村」という詩の出だしにある二行連句は、たいへん重要な役割を果たします。第3章と第9章、それぞれの冒頭で二度にわたって引用される連句です。

**No longer truth, though shown in verse, disdain,
But own the Village Life a life of pain.**

たとえ詩の中であろうと、真実を侮ってはいけない
村の生活には苦しみがつきものだと認めるのだ

第3章は、この二行連句の意味を問う、という形で議論がはじまります。

This couplet of Crabbe's, which opens the second book of *The Village*, is a significant introduction to the char-

acter of the general problem. Where did it come from, that tone of apology about verse? Who was it aimed at, that insistence on the truth? (13)

『村』の第2巻の冒頭部分にあたるクラブのこの二行連句は、全体にわたる問題がどのようなものかを示す大事な手がかりとなっている。いったいどこから、この詩についての言い訳がましい調子はくるのだろう？ いったい誰に対して、この真実にこだわろうとする態度は向けられているのだろう？

この問いの答えは簡単には与えられません。それにどうでしょう、この部分だけを読んでも、ウィリアムズが何を問おうとしているのか、なぜこんな問いを立てたのか、読者にはすぐにはぴんとこないのではないでしょうか。

　エリオットとウィリアムズの違いが際立つのはこういう箇所です。エリオットであれば、もう少し誘導的な問いの立て方をするでしょう。きっと書き手は何か企みがあってこういう言い方をしているのだろうな、という気にさせる。安心感さえ覚える。きっと最後はうまくまとめてくれるだろうな、と。だから「読者の先を行っている」と思わせるのです。しかし、ウィリアムズの場合は、何となく戸惑う。Where did it come from, that tone of apology about verse? とか、Who was it aimed at, that insistence on the truth? といった問いを続けて立てられると、もちろん長い目で見れば計算されたものではあるのですが、何となく前のめりで、ぎこちないような印象を与えます。というより、そういう印象を与えるのがウィリアムズはたいへんうまい。

6 白か黒かで語る

　どうもウィリアムズの言葉というのは、詩作品から引用された言葉に巻き込まれて見えるのです。続く部分はこんなふうになっています。

Crabbe's poem, *The Village*, needs to be read between these questions.

　　By such examples taught, I paint the Cot,
　　As Truth will paint it, and as Bards will not.

Truth again, and against poetry. Whatever we may later ask about Crabbe's England, it is clear that the contrast in his mind is not between rural England past and present, but between true and false ways of writing. More generally, the contrast he is forcing is between a tradition of pastoral poetry and his own intention of realism. (13)

クラブの『村』という詩は、こうした問いを頭に置きながら読まねばならない。

　そうした例に導かれて、私は小屋を描く
　あくまで真理が描くように　つまり詩人の描くのとは違う風に

また真理の話である。しかも詩とは対比させている。我々が後にクラブの描くイングランドについてどのような問いを立てようとも、クラブ自身の頭にあったのはイングランドの田舎が過去と現在との間でどのように変わったかではなく、詩人が対象を正しく描けるか描けないかという問題だったのである。話を広げて言えば、彼が掲げているのは、伝統的な牧歌詩と彼の書こうとするリアリズムとの間にある違いなのである。

詩からの言葉と、ウィリアムズ自身の言葉とが反響し合うかのようです。ほら、こんなこと言ってる、とばかりにちょっと距離を置いて指差すようでもあるし、同時に、クラブのメッセージに聞き耳を立ててもいる。メッセージを語らせようともしている。

引用との付き合い方

　そもそも引用された言葉というのは、元の文脈から引き抜かれてきたわけですから、何となく居場所があいまいになる。何となく手持ちぶさたに見える。それを、どうやって地の文たる語り手自身の声と接続させるか。語り手の議論にすっかり従属させ、埋め込んでしまうのか。あるいは、むしろ引用部分を祭り上げ、語り手がうやうやしくその「真意を見仰ぐ」という形にするのか。この部分などは、一応、後者のようにも見えるのですが、ありがたく拝聴する、というスタンスとも違いそうです。むしろ、引用文を持ち込んだことによって生じた語りの乱れというか、地の文が寸断されたような不安定さの方が気になる。そしてウィリアムズは、そんな不安定さを積極的に活用しているとも見える。

　それは不安定さのおかげで、ウィリアムズの言葉が、詩の言葉とほとんど同じ地平に立つことができるからです。地の文を水も漏らさぬなめらかな議論に仕上げるのではなく、むしろそこにいくつもの割れ目をこしらえる。そうすると、地の文が一方的に詩の言葉を説明してしまうという感じがなくなります。どこからが地の文で、どこからが引用なのか、その境目が判然としないかのような気になってくる。両者が何となく混じり

合ってくるのです。引用部分と同じくらいに地の文も、寸断され文脈から遊離したような断片性を持つ。だから両者が同じ地平に降り立っていると見えるのです。

これはちょうど自身の田舎体験を描写するウィリアムズの言葉が、「もうこれ以上は翻訳したり説明したりしません」とばかりに、そのまま山や木や人を並べてしまった感覚と似ていないでしょうか。明らかにウィリアムズは、そうした光景を思い出し、伝達しているだけなのに、まるでその記憶がそのまま降りてきたように感じさせる。そのまま並べただけだから、何となく整理されていない。雑然としている。形も不揃い。スケールもさまざま。でもそれがかえって、生命らしさを喚起する。

ウィリアムズが二項対立のからくりを説明するにあたって、feeling という語にこだわるのは、こうした生命らしさを損なわないためではないかと思います。不揃いによってこそ生み出される感触を、その不揃いを維持したまま語るには、feeling という粗雑で、鈍感で、原始的で、でも肉感性と生々しさに満ちた言葉を使いつづける必要があった。第3章で立てられた問いに対する答えは、第9章で与えられることになります。そこでクラブの詩の根底にある、前世代の詩人とは違うものの見方を指し示すのに使われるのが、a new structure of feeling という言い方です。

**No longer truth, though shown in verse, disdain,
But own the Village Life a life of pain.**

Crabbe's insistence is now easier to understand. The

observation is that of Goldsmith or Langhorne, but in a new structure of feeling, which can dispense with retrospect. What is seen, in a new convention, is an existing, active and social contrast.　　　　　　　　　　(87)

　　たとえ詩の中であろうと、真実を侮ってはいけない
　　村の生活には苦しみがつきものだと認めるのだ

クラブの強調したいことがこれでよりわかりやすくなる。この見解はゴールドスミスやラングホーンのものと同じだが、そこには新しい感情の構造があり、過去を見やる視線は必要としていない。新しい見方の中で浮かび上がってくるのは、今現在のものとして機能しているような、社会の中の対照性なのである。

　田舎の負の部分に目を向けるという点では、クラブも以前の詩人と変わらない。しかし、それまでは現在の田舎の風景と過去のそれとを対比して懐かしむ、というパタンだったのに対し、クラブは、今現在の田舎の風景の中にある光と陰とを対比するのだという。そこには、パラダイムの転換があるわけです。

　でも、ウィリアムズはパラダイムの転換などという言い方はしない。あくまで a new structure of feeling なのです。feeling という語を使うことでウィリアムズは、彼の文章にちりばめられた作品の言葉が、それぞれ不揃いで、不統一で、だけど、それゆえにこそ封印することのできない、ぐしゃぐしゃした生命力を持っているのだと示そうとする。

structure of feeling の醜悪さ

 しかし、そうは言っても、文学作品の世界に没入して、そこから聞こえてくる声や、そこから見えてくるものの見方・感じ方を feeling と呼ぶだけで話が終わるわけではありません。ウィリアムズはそこで structure という語を持ってきた。structure は、feeling とは対照的にきわめて無機的で、理屈っぽい。また 60〜70 年代という時代を考えれば流行語とも言えます。どうしてウィリアムズはそんな語を必要としたのでしょう。

 すでに『田舎と都会』におけるウィリアムズの議論の方法には明確なパタンがあると言いました。「もの」からはじめる、というパタンです。そういう「もの」には、ウィリアムズ自身が生の体験として知っているウェールズやケンブリッジといった土地の想い出も含まれますが、同時に、他者の生々しい体験を刻みこんだものとしての文学作品も含められています。そういう意味では、ウィリアムズは個人的な体験を信じるのと同じくらい素朴に、文学というものを信じていたのかもしれません。[2]

 ですが、その先もある。「もの」からはじまる語りは、やがて「もの」とは似ても似つかないような、なめらかな議論に引き継がれるのです。たとえばひとしきりラングホーンの詩の言葉と同じ地平で渡り合ったウィリアムズは、ある一点を境にとてつもなく流暢な語りへと転換します。

Capitalism has in this sense always been an ambiguous process: increasing real wealth but distributing it unevenly; enabling larger populations to grow and sur-

vive, but within them seeing men only as producers and consumers, with no substantial claim on society except in these abstract capacities. (中略) To see the paradox of successful production and these human consequences would be to penetrate the inner character of capitalism itself. It was easier, for men like Langhorne, to separate the consequences from the system, and then to ascribe to social decay what was actually the result of social and economic growth. (82)

資本主義はそういう意味ではいつもあいまいな過程をたどってきた。実質的な富を増加させながらも、その分配は不公平。おかげでより大きな人口をさらに増加させ維持することも可能になったが、一人一人はあくまで生産者と消費者としてしか見なされず、この抽象的な立場からしか社会に対して要求できる権利もない。(中略)生産の成功と、それに伴って人間に引き起こされる事態との間に生ずる矛盾を見れば、資本主義にどのような性質が潜んでいるかを見極めることができる。ラングホーンのような人にとっては、結果とシステムとを分離し、ほんとうは社会的経済的な発展の結果引き起こされたものを、社会の腐敗に帰するほうが易しかったのである。

まるで同じ人とは思えないくらい、"議論的"でスピード感のある語りです。increasing real wealth but distributing it unevenly とか、enabling larger populations to grow and survive なんていうあたりの、下線で示したような対句的な表現には、政治家の演説みたいな聞こえの良さがある。語り手の俊敏さを演出し、読み手を集団的な興奮に誘いこむような語りになっているのです。

　でも、ふと思うのですが、そして、それは必ずしもこの本が

30年以上前に出版されたものだからということでは説明できないと思うのですが、こういう部分だけを読むと、理屈としてきれいであればあるほど、空々しく聞こえてきます。あまりにもきれいすぎて、いくら議論の筋が通っていてもこちらに訴えてはこない。いや、訴えてくるからこそ、訴えてこないと言った方がいいでしょうか。こういう演説めいた、威勢のいい、音量の大きい言葉というのは、どんなにそれがほんとうのことを言っていても、嘘に聞こえることがある。言葉とは不思議なものです。そして、ウィリアムズもそのことがわかっていた。

英語の分裂

　実際、『田舎と都会』のあちこちでウィリアムズは、議論がきれいになりすぎると、その途端に「しかし、現実はもっと複雑なのだ」と懐疑の念を投げかけ、整理を中断します。そういうときに「複雑」complex という語とセットで出てくるのが、structure of feeling という言い回しなのです。

But in Dickens it is critical. It is a conscious way of seeing and showing. The city is shown as at once a social fact and a human landscape. What is dramatised in it is a very complex structure of feeling. Thus he can respond warmly to the miscellaneous bustle and colour of a mobile commercial life: . . . .　　　　　　　　　　　(158)

しかし、ディケンズにおいてはそれは決定的だったのである。これは意識的な見方であり、見せ方なのである。都市はまずは社会の現実として、そして人間の風景として提示されている。そこで劇化されているの

は、きわめて複雑な感情の構造なのである。だから、彼は流動的な商業活動のもたらすさまざまな喧噪や色に熱意とともに反応することができた。

----

　structure という語は、一見、ドライにシステムを語るかのように見えます。観念を手際よく操作し、混沌としたものを整理する、そのための導き手。しかし、この語を feeling とセットにすることで、ウィリアムズは、structure という語の持っている明晰さを宙吊りにするのです。ウィリアムズがたどり着きたいのは、むしろ complex という認識だから。[3]

　その背景にあるのは、言語感覚です。ウィリアムズには、英語というものが宿命的に分裂しているという意識があるのです。たとえばジョージ・エリオットを扱った第16章でウィリアムズが強調するのは、「小説家の操る言葉」と「登場人物の語る言葉」との間の乖離 (169)。あるいはトマス・ハーディを扱った第18章では、「教養に裏打ちされているが人間味に欠ける言葉」と「無知と思い上がりのために惰性化している言葉」とが対立して、どちらも充分な表現力を持たないことが示される (204)。しかし、何より大事なのは、そうした分裂から生ずる「障害」disturbance (204) に注目することだというのです。ウィリアムズによれば、二種類の言葉の間のそんな分裂状態こそが「現実」なのです。

　ウィリアムズが「もの」にこだわり、feeling という語を使いつづけながらも、それを structure という語と一組にするのはこのためではないでしょうか。structure と feeling という二語のそぐわない感じは、『田舎と都会』全体を貫く、どうにも整理

されきらない感じ、つまり「もの」の言葉と「議論」の言葉とがかみ合うようでかみ合わない、その違和感を反映しているのではないか。[4]

『田舎と都会』には、上記のような政治的思想だけでなく、農村の土地所有をめぐるわかりやすい数値データなどもふんだんに織り込まれています。この本は、ときに驚くほど論理的な書き物へと豹変するのです。しかし、ウィリアムズはそういう議論だけを信じていたわけではない。むしろ、feelingという語によって捕捉される体験と、structureという語によって示される明晰な論理性との並立、また、そこから生ずる軋轢のようなものが、いくつもの声色を使って書かれたこの本の核心部分で表現されているものなのです。

あらゆる言葉は「詩」になりうる

そこから私たちは、そもそも作品を引用するとはどういうことか、という問いを立てるかもしれません。二種類の言葉が併存することから生ずる「障害」は、まさにウィリアムズが身をもって体現したものなのです。だからさらに、メタレベルの言語を操るとはどういうことか、そこにはどういう嘘があるのか、どういう可能性があるのか、ということに考え及んでもいい。根っこにあるのは、ひょっとすると「いかに詩を語るのか」という問いかもしれません。ここで言う「詩」とは、地の文と区別されるようなあらゆる「特殊な言葉」のことです。つまり、地の文によってカッコつきで引用されてしまうあらゆる言葉。私たちのふだんの会話だって、「地の文」なるものに引用された途端に、にわかに「詩」の言葉と化すかもしれない。人間の言

葉には、そういうふうに言葉そのものを文脈から切り離して宙吊りにし、祭り上げる機能があるのです。

こう考えてくると、ウィリアムズの立てた田舎と都会という対立項は、実に射程の長いものだと思われてきます。country という語にまとわりつく、やわらかい生々しさと、city という語を取り巻く硬質の抽象性とは、そのまま feeling と structure という対立とも重なってくる。田舎と都会との対立についての語りを、ウィリアムズは、feeling を土台にした「もの」的で田舎的な語りと、structure に収斂するような都会的な語りとの並置によって行っていたというわけです。語られている内容と、それを語る方法とが見事に重なっている。そこには、何かを語りながら、その語りを疑うというロマン主義以来の懐疑の方法が見え隠れします。メタレベルとは何かという言語論的な問いへもつながる懐疑です。

これは『田舎と都会』でのウィリアムズの重要な立脚点とも関係してきます。その立脚点とは、田舎と都会とは対立なんかしていない、もともとは同じ穴の狢(むじな)ですよ、というものです。

But directly or indirectly most towns seem to have developed as an aspect of the agricultural order itself: at a simple level as markets; at a higher level, reflecting the true social order, as centres of finance, administration and secondary production. (48)

しかし、直接的であるにせよ、間接的であるにせよ、多くの町はほかならぬ農業的な社会体制の一局面として発展してきたのである。単純なレベルでは市場として。より高次のレベルでは、真の社会体制を反映し

て、金融や行政や二次的な生産の拠点として。

この認識を支えにしながら、ウィリアムズは田舎と都会をめぐるさまざまな先入観や神話を暴き出していくわけですが、どうやらその認識は、引用する地の文と、引用される「詩」との関係についてもあてはまるらしい。こうなると、メタレベルに安住することが、たいへん危険なことに思えてくるでしょう。なるほど、田舎と都会とをめぐる二項対立を次々に覆していきながら、それを決して単なる論理ゲームと感じさせないのは、このように二項対立を成り立たせる思考の基盤にまで問いの矢が達しており、また、それを鋭く読者に感じさせるだけの文章が書かれているからにほかなりません。そんな仕掛けを、structure of feeling というたいへんおさまりの悪い言葉の組み合わせに体現させたあたりに、ウィリアムズの優れたセンスを感じずにはいられません。

注
1 ロマン派の詩人ウィリアム・ワーズワスは、湖水地方だけでなく、ウェールズ近辺の自然をも詩の中に描いたことで知られていますが、そのワーズワスが単音節の長母音を実にうまく詩の中で使っていたこと、とくにこの feel という語がキーワードのひとつだったことなども思い浮かびます。
2 本書を通してウィリアムズが、actual, reality, facts といった語に、無防備と言っていいほどの期待と信頼を寄せていることには注意する必要があるでしょう。
3 ウィリアムズは『キーワード辞典』の中で、structural / structure という語についても詳細かつ明晰な解説を行っていますが (301～308)『田舎と都会』の中ではあえて structure という概念の解説に

踏み込むことは避けているようにも見えます。
4　structure of feeling は 50 年代あたりからウィリアムズの著作で使われるようになった重要な概念で、ウィリアムズ自身による説明もありますが、山田雄三も指摘するように、その用法にはぶれがあるし、その後、ウィリアムズを持ち上げたカルチュラル・スタディーズ系の研究者もそれを明快に説明できているわけではありません。今回はとりあえず『田舎と都会』に話をしぼります。詳しくは山田（とくに第 3〜5 章）。また『英語青年』2008 年 11 月号から 5 回に渡って連載され話題を呼んだ「レイモンド・ウィリアムズとの出会い」も参照のこと。

レイモンド・ウィリアムズ (1921–88)

イギリスの批評家・小説家。ウェールズに生まれてそのマージナルな視点にこだわりつつ、社会主義の立場から、「文化」をエリートだけのものと捉えず、労働者階級の日常も包摂する自立した領域として巨視的に論じた。カルチュラル・スタディーズの基礎を築いたとも言われる。代表的著作に『文化と社会』(1958)、『長い革命』(1961)、『田舎と都会』(1973)、『キーワード辞典』(1976) など。

英語名言読本 ⑥

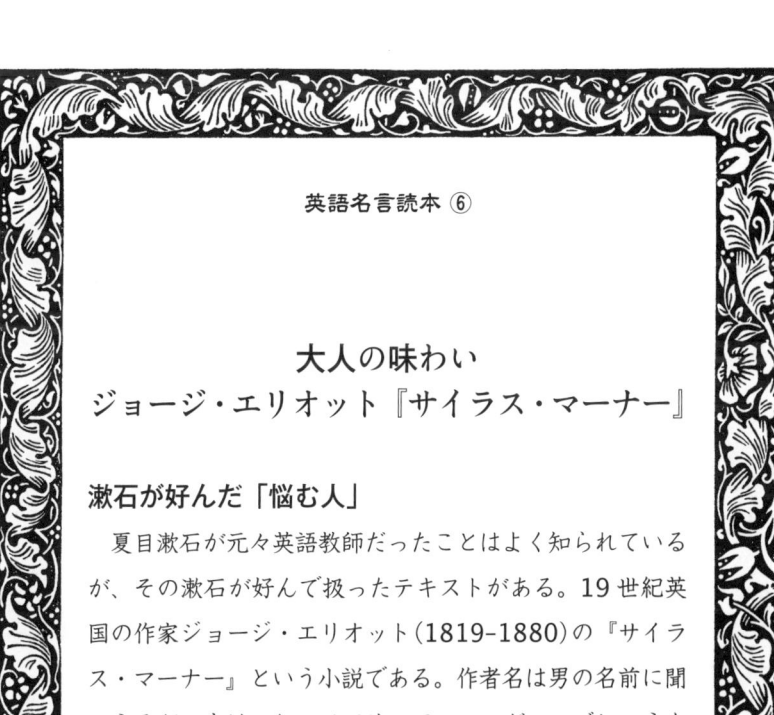

大人の味わい
ジョージ・エリオット『サイラス・マーナー』

漱石が好んだ「悩む人」

　夏目漱石が元々英語教師だったことはよく知られているが、その漱石が好んで扱ったテキストがある。19世紀英国の作家ジョージ・エリオット(1819-1880)の『サイラス・マーナー』という小説である。作者名は男の名前に聞こえるが、実はこれ、メアリ・アン・エヴァンズという女性のペンネーム。19世紀イギリスの文壇はまだまだ男性中心だったこともあり、わざと男性名を使ったらしい。当時、漱石の学生にも「女の書いた小説なんて」と文句を言う者がいたようだが、繰り返しこの作品を選定したところを見ると、漱石自身はかなり愛着があったようだ。

　たしかにこの作品、いかにも漱石の小説に登場しそうな

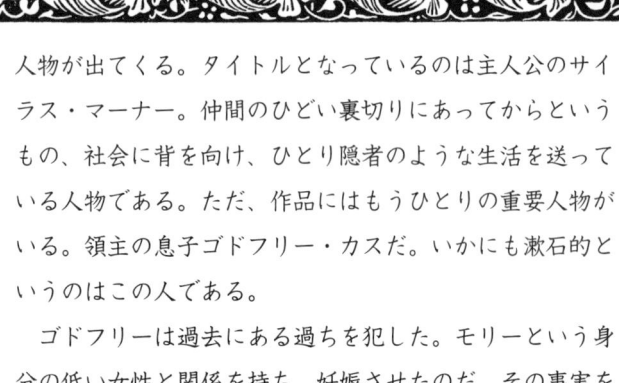

人物が出てくる。タイトルとなっているのは主人公のサイラス・マーナー。仲間のひどい裏切りにあってからというもの、社会に背を向け、ひとり隠者のような生活を送っている人物である。ただ、作品にはもうひとりの重要人物がいる。領主の息子ゴドフリー・カスだ。いかにも漱石的というのはこの人である。

ゴドフリーは過去にある過ちを犯した。モリーという身分の低い女性と関係を持ち、妊娠させたのだ。その事実を隠しゴドフリーは良家の娘と見合い結婚をするが、やがて過去の暗い影がひたひたと歩み寄ってくる……。

罪を背負ったこのゴドフリーは必ずしも"極悪人"として描かれているわけではない。むしろ彼は中途半端で優柔不断な人物。言ってみれば、うじうじと悩むお坊ちゃまである。しかし、大事なのはまさにここである。口にしがたい過去を背負うゴドフリーの姿には、漱石の好んで描いた「悩む人」の原型がある。罪の意識を心中に抱えつつ、社会の中ではうまくやっている、そんなゴドフリーの姿が、社会的地位と内面とのズレに苦しむ漱石作品の主人公たちと、そして漱石自身の姿と重なって見える。

人物描写と名言

しかし、漱石がどうしても自分の作品に生かしきれなかった部分がある。イギリス小説で必ずと言っていいほどからんでくるもの——"階級"である。この"階級"のからむところから名言を採ってみたい。ゴドフリーに捨てられたモリーは、雪の日に行き倒れになって絶命する。しかし、生まれたばかりの幼子は、奇跡的にサイラスに拾われる。この子はエピーと名づけられ、天からの授かり物として大事に育てられる。ところが十数年を経たある日、ゴドフリーが突如すべての罪を告白する。そして「お前はこれから貴婦人(lady)になるのだ」とエピーを引き取ろうとする。

何と虫のいい！　もちろん、サイラスも譲らない。下層階級に属する育ての親と、上流階級の生みの親との間で、階級闘争の勃発である。ジョージ・エリオットの小説家としての腕前の発揮される個所だ。ふたりの台詞を読み比べてみよう。まずゴドフリー。領主の息子だけあって、教養のあるちゃんとした英語でしゃべっている。正確な文法。きちんとした構文。「なあ、マーナー」との呼びかけには、身分が下の者に説き聞かせる余裕が感じられる。

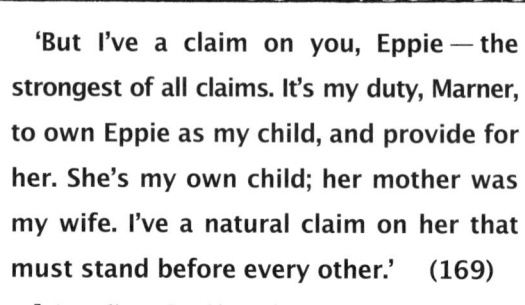

'But I've a claim on you, Eppie — the strongest of all claims. It's my duty, Marner, to own Eppie as my child, and provide for her. She's my own child; her mother was my wife. I've a natural claim on her that must stand before every other.' (169)

「だけど私には君に対する権利があるんだよ、エピー。何よりも強い権利だ。マーナー、エピーを自分の子供として養い育てるのは私の務めだ。エピーは私の子だ。彼女の母親は私の妻だった。私がエピーを引き取るのは当然のことで、それは何物にも優先するんだ」

では、サイラス・マーナーはどうか。いかにも貧しい機織り職人らしい、くだけた英語である。舌足らずな発音も o' (=of) や i'stead (=instead) といった表記で示されている。

'...then, sir, why didn't you say so sixteen year ago, and claim her before I'd come to love her, i'stead o' coming to take

6 大人の味わい

her from me now, when you might as well take the heart out o' my body? God gave her to me because you turned your back upon her, and He looks upon her as mine; you've no right to her! When a man turns a blessing from his door, it falls to them as take it in.' (169)

「じゃ、旦那、どうしてそうだって 16 年まえにおっしゃらなかったんです。そしてあっしがこの子を実の子としてかわいがるようになっちまう前に自分の子として引き取らなかったんですか。今になってあっしからこの子を奪うくらいなら。これじゃ、まるであっしの身体から心臓をむしり取るようなもんじゃないですか？ 神様がこの子をあっしに授けてくれたのは、旦那がこの子を捨てたからじゃないですか。神様はこの子をあっしの子だと認めたんですよ。旦那に権利はない！ せっかく自分の戸口に訪れた恵みを追っ払ったら、もう、その恵みはそれを受け入れる人のものになるでしょう」

音読してみるとわかるが、ゴドフリーの文はだいたい同じ長さで、文の真ん中あたりに"折り返し地点"のような呼吸の置き所があり、ゆったりと読める(She's my own child; / her mother was my wife. I've a natural claim on her / that must stand before every other.)。サイラスの言葉は感情的になっているせいもあり、文が継ぎ足し継ぎ足して、読もうとしても呼吸の置き所がはっきりしない。息せき切るようで落ち着かない。

　でも、この対決はサイラスの逆転勝利に終わる。そこが台詞を通してちゃんと表現されているのがおもしろい。最後の部分に注目しよう。When a man turns a blessing from his door, it falls to them as take it in. ゴドフリーがなめらかな英語で階級と富を振りかざしつつも、結局は「うじうじ悩む人」の個人性から抜け出せないのに対し、サイラスの台詞のこの個所にはまさに"名言"の雰囲気がある。個を超越した普遍的な真理に訴えているからだ。そこには決め台詞的な堂々とした構えがあり、宗教的な権威すら暗示される。言葉のグレードが上がるのだ。

　当時の女性としては並外れた教養のあったエリオットは、

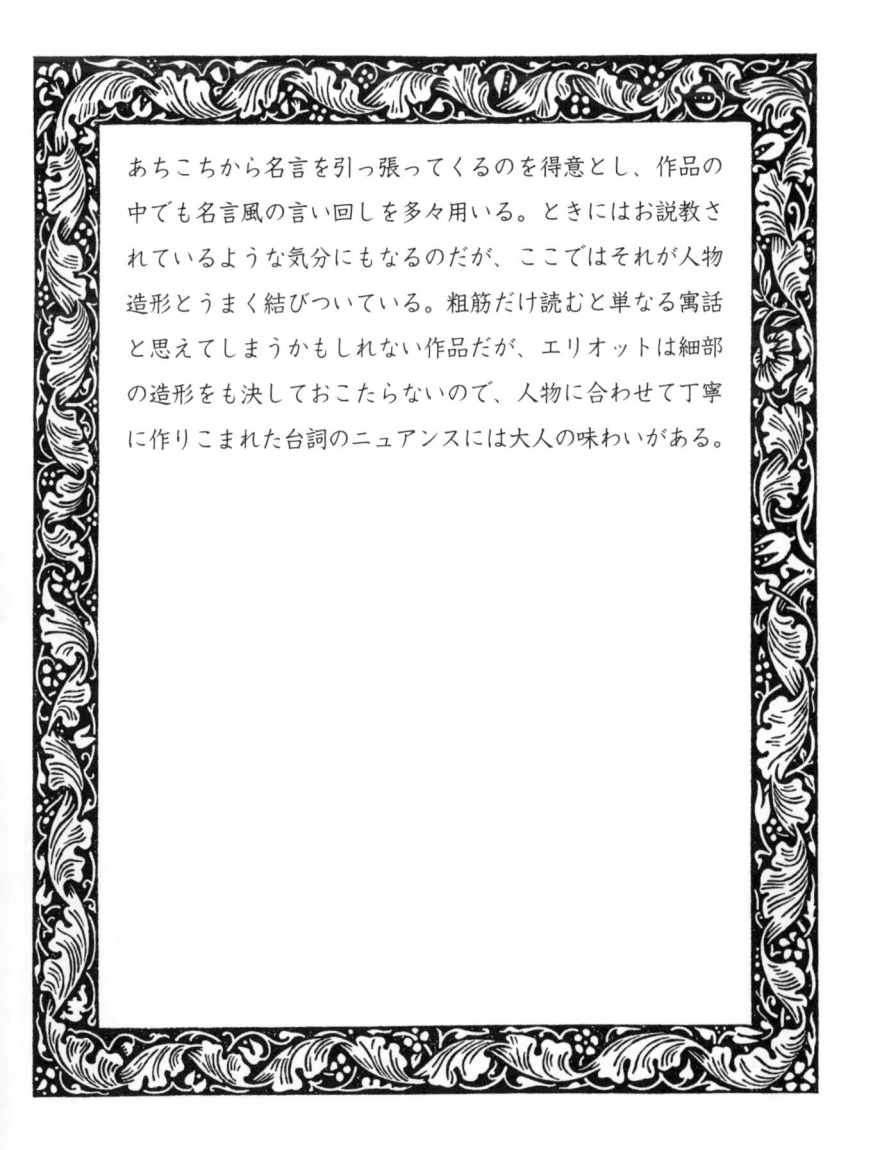

あちこちから名言を引っ張ってくるのを得意とし、作品の中でも名言風の言い回しを多々用いる。ときにはお説教されているような気分にもなるのだが、ここではそれが人物造形とうまく結びついている。粗筋だけ読むと単なる寓話と思えてしまうかもしれない作品だが、エリオットは細部の造形をも決しておこたらないので、人物に合わせて丁寧に作りこまれた台詞のニュアンスには大人の味わいがある。

7

神
疑問文の神学
『ヨブ記』

英語から離れて

　本書では、ふたつの約束事を設けていました。オリジナルが英語のものを題材とすること。そして散文作品を扱うこと。しかし、本章だけはこのふたつのルールを破ってみます。取り上げるのは、原文が英語でないもの、そして韻文で書かれたものなのです。こうして約束を破ることでかえって、英語の文章について見えてくることがあるかなと思っています。

　『ヨブ記』は、旧約聖書の中でも、もっとも有名な一書です。注釈書も数多く出され、神学者に限らずさまざまな領域の人々を魅了してきました。旧約聖書ですから、言うまでもなく、オリジナルは英語ではなくヘブライ語です。しかも、この章では有名な King James Version を主に参照するのですが、これとてヘブライ語からの直接の訳ではなく、ギリシャ語を経由したものです。つまり、英語版は原文から遠く離れているとも言える。また『ヨブ記』はもともと、序章と終章をのぞく大部分が、散文ではなく詩で書かれています。

　英語原文、そして散文にこだわってきたのは、本書の最大の注目点がいわゆる英語的思考にあるからです。このように言うと、狭い意味での文体論を連想される方もいるかもしれませんが、ここでは意味をもう少し広くとってきました。たとえば作品固有の文体とか、作品のある部分だけに特徴的に見られる書き方といったレベルで文章に注目することもありましたし、広く英語一般にあてはまるような特色に注意を払うこともありました。もちろん作家固有の筆法という視点も持ってきました。

　翻訳された文章では、当然ながら、原文が持っていたはずの

文章の特徴は見えにくくなってきます。しかもその代わりに、翻訳によって生まれた"翻訳文体"のようなものが目についたりする。こうなると、テクストや作家に固有の文体ということを話題にするのが難しくなってくるかなと思ったわけです。

その一方で、散文ということにこだわったのは逆の理由によります。韻文では、あまりに文体的特徴が前景化している。詩はまさに"言葉の形"に存在理由を持つものです。文体なるものをそれだけ区別して語るのがほとんど無意味なほど、そこでは作品であることと文体的な特徴を備えていることとが深く結びついています。詩における"言葉の形"を話題にするということは、必然的に作品論や作家論に踏み込んでいくことに等しくなってしまうのです。そうなると、明らかに本書の領分を超えてしまいます。

文学研究者の方々の中には、"文体"というと何となく些末でとるに足らない、もしくはかび臭いような文学臭を放つ大時代的な代物というふうに考える人がけっこういるかもしれません。たとえば日本文学に目を向けても、現存する作家たちの中でもっとも伝統的な部分を代表すると思われる、いわゆる"内向の世代"の作家たちが若い頃に発行していた同人誌は、まさに『文体』というタイトルでした。たしかに古井由吉や高井有一の作品を見れば、一字一句にいたるまで神経が行き届いた文体意識が働いているのは一目瞭然です。若い作家の中には、そのような旧来の文体意識に対する違和感があるようです。たとえば作品ごとにがらっと書き方を変える阿部和重のような作家は、「僕は言葉というのを肉体というよりは道具のひとつとしか思ってないんです。自分のコンセプトを実現するために利用する道

具でしかない」とはっきり言っています (210)。

　文体なんてくそ食らえ、というのが現在の主流かもしれません。文学研究の領域で先端的なことを議論される方にも、"文章"などという概念とは縁を切ったような、超絶的な文体を使いこなされる人がいます。すごいと思います。文体になんか構っちゃいられねえよ、こっちは忙しいんだぜ、と啖呵を切っているように見えます。たしかに「文体、文体」と騒ぐのは、何となく軽薄です。ほんとうに大事なことをおろそかにしているようである。所詮文体にすぎないじゃないか、と言いたくなる。その日の食事に困る人がいるわきで、平気で身だしなみを調えているようないかがわしさがある。

　実は『ヨブ記』というのはまさにそういう書物なのです。「そんなことに構っちゃいられねえよ」という気分をとことんまで突き詰め、人間にとってあらゆる些末なことをはぎ取った末に残るのがいったい何なのかを問題にしようとした。文体どころではない。文章もクソもない、もっと大事なことがあるのだ、という声が聞こえてくるような作品なのです。

　しかし、その『ヨブ記』を原文から遠く隔たった英語や日本語で読んでみると、たしかにその「一番大事な部分」に気を惹かれるにしても、なぜ気を惹かれるのかあらためて考えてみると、やはり文章の形が大きな役割を果たしているようにも思えてなりません。とくに注目したいのは、おそらくもっとも基本的な文章の仕掛け、いかにも文章の形らしさを体現する装置——疑問文です。

7 疑問文の神学

『ヨブ記』のパフォーマンス

　『ヨブ記』はたいへん難解な書物です。文レベルでも、これはいったいどういう意味だろう？　と頭をひねりたくなるような箇所がところどころ出てきます。枠になっているのは古来伝承されてきた民話だとされていますが、とてもふつうの民話のようにするすると読める代物ではない。ただ、枠があるおかげで粗筋ははっきりします。こんな具合です。

　昔々、ヨブという男がいた。家族に恵まれ、財産も持ち、幸せな人生を歩んでいた。神の教えに照らして誤った行いをしたわけでもなく、隣人にも親切にし、困っている人には助けの手をさしのべるような人だった。ところが、ある日、ヨブはその神によってすべてを奪われるのです。家族は悲惨な死に方をし、財産は失われ、あげくの果てにヨブ自身がひどい病にかかり、身体中の皮膚がただれてしまう。それでもヨブは神を讃え続けます。そんなヨブを見棄てて奥さんは去ってしまう。

　ここまではとてもわかりやすいのです。いかにも昔話らしい極端な始まり方で、いったいどうなるんだろう？　と興味を引きます。ところがこのあと、話が急に難解になってきます。ヨブの窮状を見かねて友人たちが彼のもとを訪れる。そしてヨブにいろいろ説教をする。演説のような、講話のような、とても会話とは思えない一本調子の語りなのですが、これに対して、ヨブもいちいち反論する。

　このやり取りは、日本でも紹介された英国議会の Prime Minister's Question Time を連想させるかもしれません。野党と与党の党首が代わる代わる立ち上がって演説する。持ち時間の中でいかに相手を言い負かすかが勝負になっています。自分に与

えられた時間枠で、レトリックの限りをつくして相手をやりこめるのです。きわめて演劇的なセッティングで、まさに政治的なパフォーマンスになっています。党首と党首の間には細かい応酬はなく、いったん舞台に立ってしゃべり始めたら、終わりまで一直線にやる。終わったところで相手の番。さあ、どうぞ、となる。

『ヨブ記』もそんな感じです。エリパズ、ビルダデ、ゾパルという三人の友人が代わる代わるヨブにお説教をし、そのたびにヨブが反論をする。ただ、反論しているうちにヨブの態度が変わってきます。神の偉大さを讃えていたはずのヨブが、神をあからさまに罵り始めるのです。この部分が『ヨブ記』のもっとも深い部分だと言われたりもします。

こうして三人の友人の説教が一段落すると、こんどはこれまで黙っていたエリフという若い男がお説教を始めます。自分は若いから、長老を前にして今まで遠慮していたのだ、などと言います。昔話のパタンからすると、最後に急に出てきたこの青年は、袋小路に行き着いてしまった物語に打開策をもたらすようにも思えます。ところがエリフはまた延々と演説するばかり。すると、そこに急につむじ風が吹いてきて、その中から神の声が聞こえてくるのです。つむじ風の中からの神の声というのは、誠に印象的な設定です。おそらく、作品の中でももっともドラマチックな箇所で、『ヨブ記』のこの場面だけは知っているという方も多いかもしれません。

最後に出てくるこの神の声は、こてんぱんにヨブをやっつけます。それこそ、完膚無きまでにやっつける。「お前に神のことなどわかるか。愚か者め」という語り口です。ヨブもおとなし

くそれに聞き入る。そしてこの罵倒をへてヨブは救われることになります。神はヨブが失ったものを返してやり、ふたたび幸福な生活を与えてやる。ヨブは幸福のうちに140才まで生きたなどと言われたりします。

翻訳最大の難所

つむじ風の中から神の声が聞こえてきてすべてを解決してしまうという物語の結末は、そこだけ見るととてもわかりやすいものです。なので、最後まで読むと何となく話がわかった気になる。でも、『ヨブ記』の大部分では延々と友人やヨブの演説が展開されているのです。今の私たちが読んでもっとも不思議なのは、おそらくこの部分でしょう。この人たちはなんでこんなに延々と議論しているのか、よくわからない。しかも、単にその議論する様子が不思議なだけではなく、場合によってはいったい何を議論しているのかもわからなくなってくる。議論しているらしいのはたしかで、言葉の勢いは感じられるのだけど、ところどころ、つながり具合がよくわからない。

ヨブの反論から一箇所を抜いてみます。ここではすでにヨブが神に対して批判的な姿勢を取り始めています。he というのは神のことです。

This is one *thing*, therefore I said *it*; He destroyeth the perfect and the wicked.

If the scourge slay suddenly, he will laugh at the trial of the innocent.

The earth is given into the hand of the wicked: he covereth the faces of the judges thereof; if not, where, *and*

who *is* he? (9: 22–24)

ヨブはここでは、いかに神が善人も悪人も区別せずに無差別に扱っているかということを述べ立てています。批判モードです。岩波文庫版では関根正雄が次のように訳しています。

どちらも同じなのだ、だからわたしは言う、
全き者も悪しき者も彼は滅ぼされる、と。
大水が突然人の生命を奪っても
彼は罪なき者の困窮を笑っている。
地は悪しき者の手に委ねられている。
〔地の裁き人の顔を彼はおおわれる。〕
彼でなくて、これは誰の仕業か。 **(37)**

　一般に聖書の日本語訳では、神の行為については敬語を使う習慣があるので、この部分などは訳すのにさぞ苦労したことでしょう。ヨブは明らかに神を批判しているのだけれど、それを敬語で言ってしまっては、怒っているのやら何やらわからなくなってしまう。それで「滅ぼされる」と敬語風に言ったかと思うと「笑っている」と敬語を使わないでみたり、半々の訳になっています。

　このような日本語訳を見ても感じられると思うのですが、神の行為の列挙が続けば続くほど、どういうつもりでその列挙が行われているのか、その方向がだんだん見えなくなってくる。読んでいると「いったいこの話はどこに向かうのだろう？」という疑念が生じてくる。そこが『ヨブ記』の読みにくいところだと思うのです。どの演説者も、その話の進め方がとにかく列

挙に依存している。列挙はヘブライ文学の大きな特色とも言われます。考えてみると英語の散文でもそういう方法がとられることはありますが、『ヨブ記』のこのような列挙は、やはり英語訳や日本語訳にする場合にうまく翻訳で伝わりきらない、その代表的な部分ではないかと思います。訳を読んでも何となく流れがとりにくい。それはなぜでしょう。

列挙というのは、ある程度背景となる文脈を共有しているからこそ、その方向を読み取れるものです。これもそうだ、あれもそうだ、と次々に例やエピソードを持ってくるのだけど、その基底にあるレールのようなものが見えていないと、折角の列挙の勢いに乗っていけない。だからその背景が共有されていないような、時代も地域も隔たったような文化の言語に翻訳されたときには、なぜ列挙が使われているのか、その役割が見えなくなってくるのではないでしょうか。

では、ここではなぜ列挙が使われているのでしょう。『英語文章読本』第10章では、列挙と似たところのある箇条書きという方法に注目しました。マラマッド作の「魔法の樽」の中に登場するあやしげな結婚斡旋人ソルツマンの使う英語は、移民ということもあり、どこかぶつ切れでなめらかさに欠けていました。花嫁候補の特徴を「親は歯医者。職業は教師。収入は……」と並べ立て、箇条書き的に連ねているだけのように聞こえる。ところがこの箇条書き的な列挙から妙な権威というのか、神秘的な説得力が生まれてくるのです。どこかそれが法の言葉にも似ているから。

法の言葉とはあくまで規定であり、原理です。それを現実にあてはめ運用するには、そして主体がその法を内面化するには、

その隙間を埋めて現実化する必要がある。実際、「魔法の樽」という小説の大きな部分は、箇条書きに象徴されるような"法"と、主人公レオ・フィンクルの"意識"とがどう折り合いをつけていくか、その葛藤を描くことに費やされていると言っても差し支えありません。もともとフィンクルの内面は形の定まらないぐにゃぐにゃしたものですが、それが結婚斡旋人の突きつけてくるぶつ切りの箇条書きに直面することで、否応なく形を持たざるを得なくなる。それが欲望へ、さらには行動へとつながっていくのです。そこでは法の条文めいた箇条書きの項目の間に生まれる隙間を個人の心がどう解釈し、どう主体的に補うかということが問題となっていました。箇条書きは、不定形な現実と補い合うことではじめて生々しい言葉として立ち上がってくるのです。

　『ヨブ記』の列挙にも同じような隙間はあります。これは言ってみれば「ちょうど同じように」と読み替えられるような隙間です。英語で言うなら、ごく単純に接続詞の and や、similarly とか in the same way といった副詞的表現、もしくは just as . . . so . . . のような構文で表せるようなものです。この「ちょうど同じように」という隙間は、では『ヨブ記』でどのように活用されているでしょう。

まるで人間のような神の言葉

　『ヨブ記』の列挙で肝心なのは、隙間があるけれども、その隙間が次々に飛び越えられているということではないかと思います。もっと言うと、『ヨブ記』の隙間はこの「飛び越え」を誘発するためにこそある。「ちょうど同じように」という"つなぎ"

は、たとえ明示されていなくても十分予想し補える部分ではあるのですが、それを省略することによって「省略した」というニュアンスが発生します。わざわざ言うことによってわざわざ言ったというニュアンスが生ずるのと同じで、省略すれば省略したというニュアンスが生まれる。

このニュアンスはどのようなものでしょう。たとえば先ほどの部分で、列挙されている項目の間に and を補ってみるとどうなるか。

This is one *thing*, therefore I said *it*, He destroyeth the perfect and the wicked.
And if the scourge slay suddenly, he will laugh at the trial of the innocent.
And the earth is given into the hand of the wicked: and he covereth the faces of the judges thereof;

すぐ気づくと思いますが、読んでみてやや不自然な感じがします。列挙が機械的に聞こえてくるのです。でもそのおかげで少し様式的というのでしょうか、淡々と形を守っているような、均衡の感覚のようなものも感じられます。これをさらに likewise に替えるとどうなるか。

This is one *thing*, therefore I said *it*, He destroyeth the perfect and the wicked.
In the same way, if the scourge slay suddenly, he will laugh at the trial of the innocent.
In the same way, the earth is given into the hand of the

wicked: he covereth the faces of the judges thereof;

Andの場合よりももっと不自然な感じになります。こんなふうに書き換えるとかなり変です。ただ、こうして実験してみると、ひとつわかることがあります。どうやら列挙というのは、「なし」→「and」→「in the same way」というふうに接続の部分の論理を明確にすればするほど、より機械的でフォーマルな印象を与える、ということです。だから、それが行きすぎると言葉としてぎこちないものになってしまう。

すると逆のことも言えるかもしれません。列挙していながら、列挙される項目同士の"つなぎ"が省略され、項目から項目へと「飛び越え」が起こっていると、言葉はよりインフォーマルで、より機械的でないもの、つまり、より人間的なものに聞こえるのではないか、ということです。

たしかにそうなのです。『ヨブ記』はほとんどが列挙の手法で語られる作品なのですが、たとえばクライマックスでつむじ風の中から神が語る場面などはこんな具合です。

Then the Lord answered Job out of the whirlwind, and said,

Who is this that darkeneth counsel by words without knowledge?

Gird up now thy loins like a man; for I will demand of thee, and answer thou me.

Where wast thou when I laid the foundations of the earth? declare, if thou hast understanding.

Who hath laid the measures thereof, if thou knowest?

or who hath stretched the line upon it?

Whereupon are the foundations thereof fastened? or who laid the corner stone thereof?

When the morning stars sang together, and all the sons of God shouted for joy.   (38: 1–7)

ヤハウェは暴風(あらし)の中からヨブに答えて言われた。
この無知の言葉をもって
経綸(はかりごと)を暗くする者は誰か。
君は男らしく腰の帯せよ、
わたしが君にきくから、わたしに答えよ。

地の基いをわたしがすえたとき君は何処にいたか。
語れ、もし君がそんなに利巧なら。
誰が地の量り方をきめたのか、――君が知っているのなら。
誰が地の上に量りなわをはったのか。
何の上に地の土台がすえられ、
誰がその隅の首石(おや)を置いたのか、
朝(あした)の星がともに喜び歌い
神の子たちがみな喜びよばわったとき。

我慢ならぬといわんばかりに神が語り始める場面です。たとえばちょっと紛らわしいのは Who is this that darkeneth ... の部分で、関根訳では「この無知の言葉をもって/経綸(はかりごと)を暗くする者は誰か」と訳されているのですが、ここで言及されているのは、ヨブ自身ではなく、直前に演説したエリフだと思われます。エリフをこのように退けてから、こんどはヨブに対し神が次々と非難を含んだ問いを連ねていくわけです。ただ、エリフからヨブへという注意の方向転換については言及がないため、あ

れ？　と思うかもしれません。ひと言足りない感じがある。でも、このひと言足りない感じのおかげで、杓子定規にはならない。

　後に続く列挙についても同じです。and や in the same way にあたる明示的な"つなぎ"は使われていない。ひと言足りないのです。省略による「飛び越え」が起きている。でもそのおかげで、列挙は機械的にはならない。また、列挙される疑問文が、最低限の枠は守りつつも、手を替え品を替えいろんなヴァリエーションで繰り出されているのも目につきます。そのおかげで、起伏やメリハリが生まれる。

　ここでは何が起きているのでしょう。たとえばマラマッドの「魔法の樽」で確認したような箇条書きには法の響きがありました。そのぎこちないフォーマルさのおかげで、どことなく神秘的な権威が響いてきた。その向こうには法を総べるものとしてのユダヤ教の神の影がちらついていました。『ヨブ記』の神も言うまでもなくユダヤ教の神なのですが、どうでしょう、「魔法の樽」の神に比べると、ずっと人間的な感じがしないでしょうか。いかにも神らしい、超越的で非人間的な近づき難さがなく、むしろフォーマルなものから逸脱していくように見える。あまり型にはまっていない。そのような印象を与える最大の原因は、先ほども言ったようにいちいち言わないからです。and や in the same way を多用していちいち言えば、きっとフォーマルになる。ところがいちいち言わない。その背後にあるものはほぼ明白です。感情です。

神はいかに感情的か

　そうなのです。『ヨブ記』の神は驚くほど感情的なのです。言ってもいいこと、言っておけばよりわかりやすくなることをいちいち言わずに飛び越えてしまうのは、言葉を正確に伝えようとする"意思"よりも、とにかく言葉を口にしたいという"気持ち"が先走っているということです。理念や概念や論理よりも、気持ちや感情が強い。いや、そういうふうに見えるようになっている。

　この点において、『ヨブ記』はたしかに詩なのです。単に語りの枠組みが繰り返し使われて、その反復から音楽的なパタンが生ずるというだけでなく、反復の背後で「そうだ、そうだ」とでも翻訳できそうな、自分で自分の言葉を応援するような、そして応援しながら興奮し熱狂していくような感情の奔流がだんだんと勢いを増している。

　しかし、列挙が省略に依存すればするほど、ひとつの危険が生じます。省略というのはお互いに共有された理解を前提とするものですから、文化的な背景が変わればそのニュアンスを読み損ねる可能性も大きくなってきます。これは、外国語や外国文化の中では、感情を読み違える可能性の方が論理を読み違える可能性よりも大きいということと根は同じです。

　そもそも感情とは、言葉でぜんぶ伝えられるとは限らないものなのです。論理の起点が言葉や記号にあるのとは逆に、感情は言葉を厳密な使い方からずらすことでこそ効果的に表現されるものなのです。"つなぎ"が省略されればされるほど列挙が感情性を表すという、先に確認したポイントも、このような感情の逸脱性から来ています。言うべきことを言わなかったり、あ

るいは余分に言ったりすることで、通常の情報伝達からの"間引き"や"はみ出し"を発生させる。そこに感情が表現されるのです。

『ヨブ記』の列挙が、外国語でこの作品に接する者にとってはとても読みにくいのもそのためです。神が呼びかけているのがエルフだかヨブだかわからなくなったりするようなことが、細かいレベルでもあちこち起きる。言葉の明瞭さや論理の犠牲の上でこそ感情が表現されているからです。

疑問文の正しい使い方

ただ、そうした列挙の多用の中で、私たちにとって導きの灯となるものがあります。疑問文です。つむじ風の中から神の声が聞こえてくる部分は、言うまでもなく疑問文の連鎖ですが、考えてみると、最初に引用した、ヨブが神を批難する箇所も if not, where, *and* who *is* he? という疑問の一節で終わっていました。実はそれに先立つ部分にも疑問文があります。

If I speak of strength, lo, he *is* strong: and if of judgment, who shall set me a time *to plead*? (9: 19)

力のことをいえば、彼こそ力ある者、
正しさについていえば、誰が彼を召喚し得よう。

こうした疑問文にも感情がこめられています。でも、これらは列挙を通して表される感情とは微妙に違っている。列挙の感情性が、省略と、そこから生まれる疾走感や熱狂、興奮などに依存していたのに対し、こうした疑問文の感情は非常に論理的な

ものです。ここに『ヨブ記』の大きな特色があるように思います。

　このような疑問文に感情がこめられうるのは、それが修辞疑問文になっているからです。「〜なのか？　そうではないだろう？」というふうに、あらかじめ答えを予期するような疑問文になっています。どっちみち答えがわかっているからといって、はじめから「〜なのだ」と断定したら、だいぶ意味合いが違ってくるでしょう。修辞疑問を発するということは、相手の存在が想定されていることを意味します。たとえその相手が自分自身であったとしても、「〜なのではないか？」と修辞的に問うときには、言葉が相手のあるものとして運用されている。相手を想定する言葉とは、聞き手のいる言葉ということです。語りかけの言葉、ということです。

　それだけではありません。修辞疑問では相手による答えをも前提としている、あるいは、相手の答えを前提としているような自分を演出している。つまり、そこでは問いを立てるという一見きわめて思弁的かつ論理的な出来事が、相手への依存という形をとって、人間関係のただ中にある出来事として表現されているのです。

　『ヨブ記』の修辞疑問は、このような相手への依存の度合いがとりわけ強いように思います。そもそもの発端からして、『ヨブ記』の問いは他者依存なのです。冒頭部では魔王 (Satan) の姿を認めた神が、「お前はどこから来たのか？」と問いかけます。それから、まるで魔王に喧嘩を売るかのように、ヨブというすごい奴がいるんだ、どうだ参ったか、というような挑発的なことを言い始めるのです。

And the Lord said unto Satan, Hast thou considered my servant Job, that *there is* none like him in the earth, a perfect and an upright man, one that feareth God, and escheweth evil? (1: 8)

ヤハウェが敵対者に言われるのに「お前は心をとめてわが僕ヨブを見たか。あのような奴は地上にいない。全くかつ直く、神を畏れ、悪に遠ざかっておる」

こんなことを悪名高い魔王に訊いて、いったい神はどうするつもりだったのでしょう？ 相手が、はい、そうですか、というわけがない。当然、リアクションがあるわけです。どうもはじめからそのリアクションを期待していたように思えるのです。そういう問いになっている。

　一方、魔王の方も負けてはいません。

Then Satan answered the Lord, and said, Doth Job fear God for nought?

Hast not thou made an hedge about him, and about his house, and about all that he hath on every side? thou hast blessed the work of his hands, and his substance is increased in the land. (1: 9–10)

敵対者がヤハウェに答えて言うには「ヨブといえども理由なしに神を畏れたりするものですか。あなたが彼と彼の家と彼の持物のまわりに垣をめぐらしておられるのです。彼の手のわざをあなたが祝福され、彼の家畜は地にふえましています。」

神に向かって、やはり相手の反論を誘発しそうな意地悪な問いを連ねていきます。ヨブだって当然、ご利益があると思ってるんじゃないですか、と。このようなやり取りに端を発した、神と魔王との間の見解の相違によって、『ヨブ記』の中核となる物語が展開していくわけですから、この問いのあり方はとても重要です。どうやら『ヨブ記』での問いの多くは、このように相手によって否定されたり、反論されたりすることをはじめから織り込んだ上で発せられているように思います。

修辞疑問と涙

どうしていちいちそんな問いを立てる必要があるのでしょう。北森嘉蔵は『ヨブ記講話』の中で、この物語の構造についておもしろい説をとなえています (126–27)。曰く、書物には「絶壁型」というものがある。この「絶壁型」の特徴は、「終わりの所に結論がある」ということ。「頂上に達するとストンと落ちる」という。これに対し『ヨブ記』は「富士山型」になっている、というのが北森の見立てです。「富士山という山は裾野から上り道を上って頂上に達し、頂上からまた下り坂になって裾野に行くわけです」。同じように「クライマックス、メッセージの中心の部分が書物のちょうどまん中あたりにあって、その前は上り坂、その後は下り坂というふうになる書物」がある。『ヨブ記』はまさにそうだというのです。

そのクライマックスにあたるのが第 16 章だと北森は言います。そこでは「神と神」がヨブの前に姿を現すからです。

今ヨブはどういう情況に直面しているのかというと、まさに「神と神と

が対抗状態」にありたもう、そういう情況に立たされております。神は一方ではヨブを弓矢の的としてねらい、破れに破れを加える恐るべき存在です。虚無の根源です。しかし、そのヨブがこの虚無の最も深い所に立たされて、涙のいっぱいたまった目を上げて仰ぎ見る唯一の存在は、また神なのです。まさに「神と神」とがヨブの前にいるのです。**(121)**

北森はルターなどを引用しながら、この「神と神」という概念を秘儀中の秘儀と呼んでいます。「一体でありながら戦い、戦いながら一体であるという秘儀中の秘儀が、私の言う『神の痛み』になるわけです」(123)。「秘儀中の秘儀」と言われると、そう簡単には理解できそうにない気分にもなってきますが、私たちが今考えてきた筋道に沿ってとりあえず解釈を試みることは可能でしょう。ヨブが直面しているこの虚無の淵のようなものには、たしかに『ヨブ記』のもっとも肝となる部分があるのかもしれない。

というのもそこではヨブの救いが——そして『ヨブ記』の答えが——修辞疑問の応酬のようなものとしてとらえられているからです。問題の第16章がいったいどのようになっているかを見てみましょう。ヨブは神がいかに自分にひどいことをしたかを、あの列挙の手法で滔々と語ります。しかし、その最後で「涙」のことが言及される。

God hath delivered me to the ungodly, and turned me over into the hands of the wicked.

I was at ease, but he hath broken me asunder: he hath also taken me by my neck, and shaken me to pieces, and set me up for his mark. (16: 11–12)

7 疑問文の神学

(中略)

My face is foul with weeping, and on my eyelids is the shadow of death;

Not for any injustice in mine hands: also my prayer is pure.

O earth, cover not thou my blood, and let my cry have no place.

Also now, behold, my witness is in heaven, and my record is on high.

My friends scorn me: but mine eye poureth out tears unto God.

O that one might plead for a man with God, as a man pleadeth for his neighbour!

When a few years are come, then I shall go the way whence I shall not return.　　　　　　　　(16: 16–22)

北森は上記のうちの 19–21 節を次のように訳しています。「見よ、今でもわたしの<u>証人</u>は天にある。／わたしのために保証してくれる者は高い所にある。／わたしの友はわたしをあざける、／しかしわたしの目は神に向かって涙を注ぐ。／どうか彼が人のために神と弁論し、／人とその友との間をさばいてくれるように」(117–18)。下線を引いた「証人」がヨブのために神と「弁論」してくれるということなのですが、その「証人」がほかならぬ神であることに北森は注目します。

目から涙を滂沱（ぼうだ）として流しながら、だれをヨブは仰ぎ見るのですか。ただ一つの望みのありかとして、だれを仰ぎ見ようとするかというと、意外も意外、神なのです。しかし、神と呼ばれる存在は先ほどまで、るる

199

とヨブが述べましたとおり、敵の大元締め、敵の大親分です。人間の敵（＝魔王）は子分にすぎないのです。たった今、それを断言したはずなのです。 **(119)**

　これが「神と神とが対抗状態にある」ということの意味だというわけです。敵にして味方——ヨブがそんなふうにして神を認識する箇所こそが『ヨブ記』のクライマックスであり、至福の境地だという。ということは、ヨブが神の言いつけにわかりやすく従い幸福になる結末など、とるに足らないということでもあります。

　このあたりに『ヨブ記』における疑問文の多用、とくに他者依存型の修辞疑問の多用の理由が見出せるように思います。修辞疑問とは相手を巻き込むような言葉の形式です。というより、"語りかけ"の形をとる修辞疑問のおかげで相手を巻き込むことが可能になる。そして相手を巻き込んでいるからこそ、相手に訴えるという形で、感情的になることも可能になる。要するに、修辞疑問のおかげでこそ涙を流すことが可能になるのです。第16章の今の引用箇所では必ずしも修辞疑問が中心にはありませんが、出だしでの神と魔王の挑発から、結末近くでのつむじ風の中からの神のヨブに対する問いかけに至るまで、『ヨブ記』は至るところで修辞疑問文を使うことで言葉が展開していきます。それは、言葉が論理や概念だけからなるものとしてではなく、聞き手の存在をたよりに感情として噴出し、涙ながらに語られうる可能性を持つということなのです。

　ヨブが第16章で神に二重性を見るのは、世界の矛盾をそこに投影しつつ弁証法的に解消するという意味がひとつにはある

でしょう。しかし、もうひとつ見逃せない意義としては、神という存在に感情的にもたれかかることが可能になるということがあるように思います。「神と神が対抗状態」にある中で、神そのものが応酬関係の一部となっている。従って神は、ヨブから見ても修辞疑問文的なもたれ合いに巻き込むことが可能なような、感情吐露の対象となっていくのです。

　修辞疑問は英語にも日本語にもあるので、そのニュアンスを翻訳で伝えることも十分に可能です。ユダヤ・キリスト教的な考え方が世界に広まり、聖書が広く読まれていった背景には、言葉の形式としての修辞疑問の共有が大きな役割を果たしていたということができるのではないかと思います。

英語名言読本 ⑦

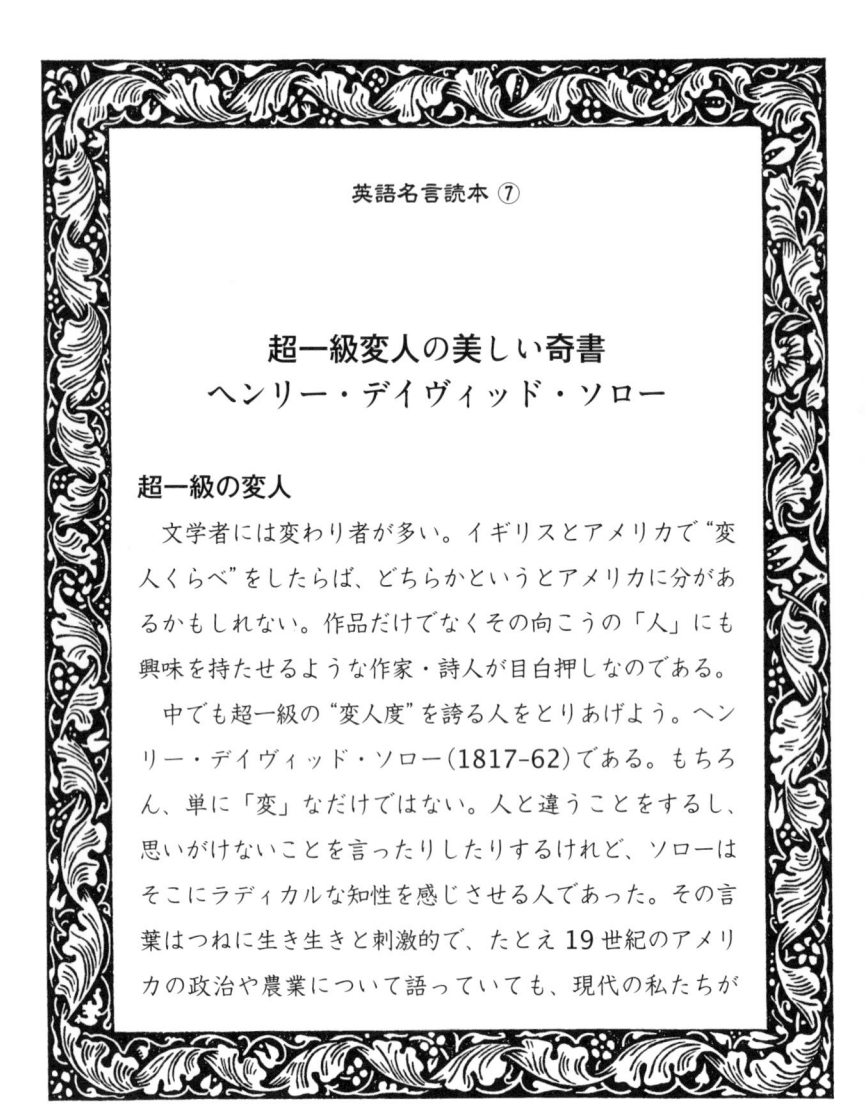

超一級変人の美しい奇書
ヘンリー・デイヴィッド・ソロー

超一級の変人

　文学者には変わり者が多い。イギリスとアメリカで"変人くらべ"をしたらば、どちらかというとアメリカに分があるかもしれない。作品だけでなくその向こうの「人」にも興味を持たせるような作家・詩人が目白押しなのである。

　中でも超一級の"変人度"を誇る人をとりあげよう。ヘンリー・デイヴィッド・ソロー（1817-62）である。もちろん、単に「変」なだけではない。人と違うことをするし、思いがけないことを言ったりしたりするけれど、ソローはそこにラディカルな知性を感じさせる人であった。その言葉はつねに生き生きと刺激的で、たとえ19世紀のアメリカの政治や農業について語っていても、現代の私たちが

7 超一級変人の美しい奇書

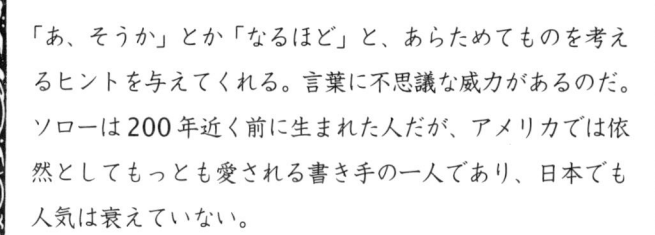

「あ、そうか」とか「なるほど」と、あらためてものを考えるヒントを与えてくれる。言葉に不思議な威力があるのだ。ソローは200年近く前に生まれた人だが、アメリカでは依然としてもっとも愛される書き手の一人であり、日本でも人気は衰えていない。

ソローはいわば"個人哲学者"であった。ハーヴァード大学で一級の教育を受け、知識も豊富だったが、大学などの組織には属さず、あくまで自分の頭で考えることにこだわった。その徹底した個人主義ゆえ、日記には次のような理想が書きつけられてもいる。

To observe what transpires, not in the street, but in the mind and heart of me!
('Sept 7, 1851'; *Journal*, 261)

町中で生じることより、自分の頭と心から生じることを見据えること。

ホイットマンなどを思い出させる「オレ、オレ」的発言だが、ホイットマンの自己愛が友愛の精神に貫かれていたのに対し、ソローには「人嫌い」の気味があった。社会の

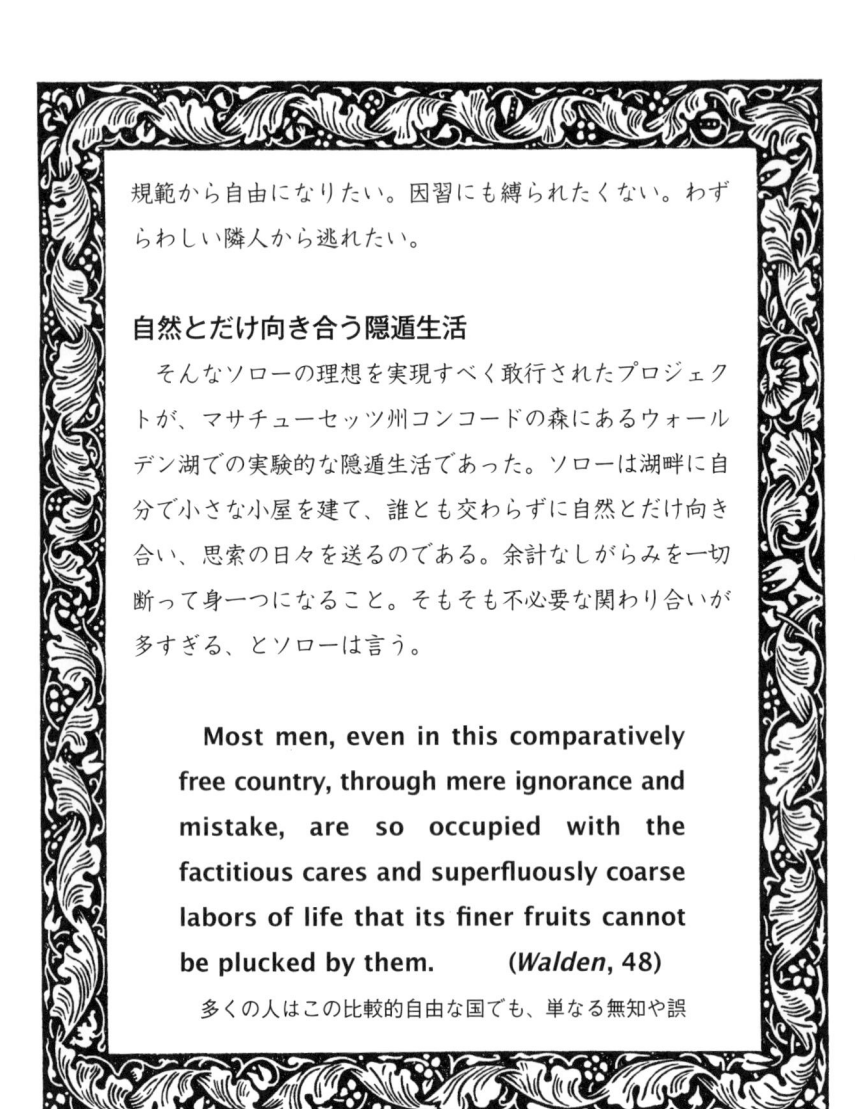

規範から自由になりたい。因習にも縛られたくない。わずらわしい隣人から逃れたい。

自然とだけ向き合う隠遁生活

そんなソローの理想を実現すべく敢行されたプロジェクトが、マサチューセッツ州コンコードの森にあるウォールデン湖での実験的な隠遁生活であった。ソローは湖畔に自分で小さな小屋を建て、誰とも交わらずに自然とだけ向き合い、思索の日々を送るのである。余計なしがらみを一切断って身一つになること。そもそも不必要な関わり合いが多すぎる、とソローは言う。

Most men, even in this comparatively free country, through mere ignorance and mistake, are so occupied with the factitious cares and superfluously coarse labors of life that its finer fruits cannot be plucked by them. (*Walden*, 48)

多くの人はこの比較的自由な国でも、単なる無知や誤

7 超一級変人の美しい奇書

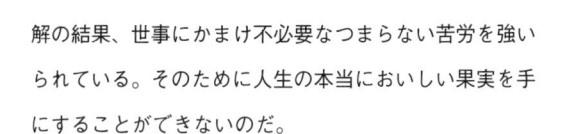

解の結果、世事にかまけ不必要なつまらない苦労を強いられている。そのために人生の本当においしい果実を手にすることができないのだ。

隠遁生活は1845年7月4日から1847年9月6日まで2年あまり続き、その詳細は『森の生活　ウォールデン』(*Walden, or Life in the Woods*) として発表されることになる。

19世紀の半ばとはいえ、こんな酔狂な隠遁生活へとソローを駆り立てたのは人間が大きな可能性を持つという希望である。

> **... man's capacities have never been measured; nor are we to judge of what he can do by any precedents, so little has been tried.** (*Walden*, 52)

人の能力は計り知れないものである。前例を見て何が可能かなど判断できない。験されたことなどまだまだ少ないのだ。

いかにもアメリカ的、という人もいるかもしれない。た

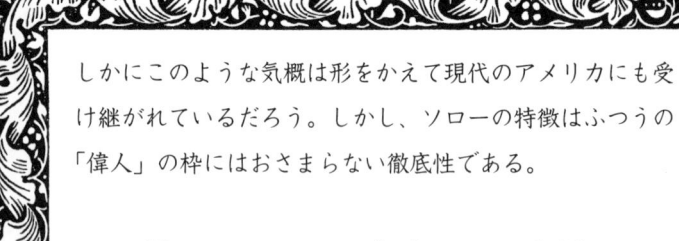

しかにこのような気概は形をかえて現代のアメリカにも受け継がれているだろう。しかし、ソローの特徴はふつうの「偉人」の枠にはおさまらない徹底性である。

The greater part of what my neighbors call good I believe in my soul to be bad, and if I repent of any thing, it is very likely to be my good behavior.
(*Walden*, 53)

まわりの人が善いとするもののほとんどを、私は心の中でだめだと思っている。私にとって悔いることがあるとするなら、自分の善い振る舞いだということになりそうだ。

ロマン主義的表現

こうして出来上がった『森の生活　ウォールデン』は美しい奇書である。自然観察あり、哲学的省察あり、社会批判あり。これは小説ではない。哲学書とも違う。日記でもない。その語り口はときに政治家の演説を思わせ、遠く読

者へと訴えようとする野心も読めるが、論理は飛躍に満ちて気まぐれでもある。おそらくその最大の魅力は、霊感にとらわれたかのようにして発せられる啓示的な言葉の、断定調である。ソローに限らず、ソローが一時師事したラルフ・ウォルドー・エマソンを筆頭に、この時代のニューイングランドの文学者にはこのような断定調で語る人が多かった。

　アメリカにもこの時代、イギリス発の産業革命の波が押し寄せつつあった。そうした中で、人間が単なる工業生産の歯車になってしまうことに危機感を持ち、自然への回帰を通してあらためて精神的なものの力を見いだそうとする傾向が芽生えつつあった。イギリスロマン派から少し遅れて、アメリカでもロマン主義的なものが力を持ちつつあったのである。エマソンたちの言葉の表現方法はそうした精神を反映したものであった。エマソンは「超越主義者」（transcendentalist）と呼ばれ、ソローもそのカテゴリーに入れられることが多い。だが、ソローはその中でもとりわけ異色な存在だったのである。

文　献

1　心は言葉のどこにある？
Murray, Isobel (ed.). *Oscar Wilde* (Oxford: Oxford UP, 1989)

2　読んだふりの構造
Crick, Bernard. 'Nineteen Eighty-Four', in *The Cambridge Companion to George Orwell*, ed. by Rodden, 146–59.
―. *George Orwell: A Life* (New York: Penguin, 1982)
Orwell, George. *The Collected Essays, Journalism and Letters of George Orwell*, vol. 3, ed. by Sonia Orwell and Ian Angus (London: Secker & Warburg, 1968)
―. *Nineteen Eighty-Four* (New York: Plume, 2003)
Rodden, John (ed.). *The Cambridge Companion to George Orwell* (Cambridge: Cambridge UP, 2007)

3　形容詞の時代
Milton, John. *Paradise Lost*, ed. by Gordon Teskey (New York: Norton, 2005)
Updike, John. *Trust me: Short Stories* (New York: Fawcett Books, 1996)
Versluys, Kristiaan. '"Nakedness" or realism in Updike's early short stories' in *Cambridge Companion to John Updike*, ed. by Stacey Olster (Cambridge: Cambridge UP, 2006), 29–42.
Webb, Stephen H. 'John Updike and the waning of mainline Protestantism', *Christianity and Literature*, 57.4 (Summer, 2008)
若島正『乱視読者の英米短篇講義』（研究社　2003）
渡辺利雄『講義 アメリカ文学史 第 III 巻――東京大学文学部英文科講義録』（研究社　2007）

4　主人公の資格
伊豆大和『フィッツジェラルドの長編小説』（1988　旺史社）
小川高義訳『グレート・ギャッツビー』（光文社古典新訳文庫　2009）

Farr, Cecilia Konchar. 'Doubting Nick: Reading Nick Reading Gatsby Reading Daisy' in *Approaches to Teaching Fitzgerald's* The Great Gatsby, ed. by Bryer and VanArsdale (New York: Modern Language Association of America, 2009), 175–80

Fitzgerald, F. Scott. *The Great Gatsby*, ed. by Matthew J. Bruccoli; Textual Consultant, Fredson Bowers (Cambridge: Cambridge, 1991)

5　難解さへの処方箋

Eliot, T.S. *Selected Essays* (London: Faber, 1951)

6　白か黒かで語る

Williams, Raymond. *The Country and the City* (London: Hogarth Press, 1993; 1973)

—. *Keywords: A Vocabulary of Culture and Society* (London: Fontana, 1976)

遠藤不比人、大貫隆史、川端康雄、河野真太郎、鈴木英明「レイモンド・ウィリアムズとの出会い」(『英語青年』2008 年 11 月号~2009 年 3 月号)

山田雄三『感情のカルチュラル・スタディーズ――「スクリューティニ」の時代からニュー・レフト運動へ』(開文社出版　2005)

7　疑問文の神学

※『ヨブ記』の引用は King James Version に拠った。

阿部和重・斎藤環「対談　コンセプチュアルな小説について――『ピストルズ』をめぐって」(『文學界』2010 年 5 月号、194–214)

北森嘉蔵『ヨブ記講話』(教文館　2006)

関根正雄訳『旧約聖書　ヨブ記』(岩波書店　1971)

英語名言読本

Murray, Isobel (ed.). *Oscar Wilde*. (New York: Oxford U.P., 1989)

Larkin, Philip. *Collected Poems*. (London: Faber, 2003)

Austen, Jane. *Pride and Prejudice*. (The Cambridge Edition of the Works of Jane Austen), ed. by Pat Rogers (Cambridge: Cambridge

U.P., 2009)　※スペリング等の表記を適宜変更したところがある。

Hemingway, Earnest. *The Old Man and the Sea* (New York: Scribner, 1952)

Shakespeare, William. John Kerrigan (ed.). *The Sonnets and A Lover's Complaint.* (Harmondsworth: Penguin, 2000)

Eliot, George. *Silas Marner.* (London: Penguin, 2003)

Thoreau, Henry David. *The Journal of Henry David Thoreau, Vol. I–VII.* (New York: Dover Publications, 1962)

—. *Walden and Civil Disobedience.* (New York: Penguin, 1983)

おわりに

　言語が変わると、ものの見方や思考法も変わる——私がはじめてそんな考えに触れたのは、たしか高校生の頃に学校の先生を通し《サピア＝ウォーフの仮説》に触れたときでした。この仮説によれば、人が世界を理解するときには必ず言葉の助けを借りている、だから、その言葉の性質の違いによって世界の見方も変わるとされます。このような考え方は以前から哲学者や言語学者の間にあったもので、必ずしもまったく新しいものではないのですが、《サピア＝ウォーフの仮説》が印象的だったのは、例が非常に具体的であることでした。

　たとえばイヌイットの言語には雪の種類をあらわす語彙が豊富で、数十種類もあるという。そのために、イヌイットの人は雪の性質を非常にきめこまかく見極めることができるそうです。これは日本語に雨をあらわす表現がたくさんあることと似ています。こぬか雨、時雨、お湿り、驟雨など私たちは雨の振り方の違いに敏感に反応しますが、そもそもそんな対応ができるのは語彙があるからにほかなりません。英語でも、ものを「見る」という表現が多岐に富んでいて、see, look, watch からはじまり、spot, notice, spy, distinguish, identify, recognize, detect, view, observe, inspect, view...など挙げていけばきりがないほど。日本語に翻訳するときには訳語が足りなくなって困ってしまいます。

　今では《サピア＝ウォーフの仮説》にはいろいろと批判もあるようですが、言葉と世界の関係を考えるはじめの一歩として、このような見方を知ったのは私にとって意味のあることでした。世界をどのように理解するかは、どのように世界を区切り、整理するかにかかってくる。そのプロセスには言葉が介在している。「だから英語は……だ！」とか「だから日本人は……だ」といった過度の一般化さえしなければ、けっこうおもしろい発見も出てくるか

と思いますし、まだまだ語られ足りない側面にも目を向けることはできるのではないか。

今、《サピア＝ウォーフの仮説》からあげた例は語彙でしたが、本書ではもう少しデリケートな言葉の動きにも目を向け、英語ではどのようにしてものが思考されるか、感じられるか、どのように世界がとらえられ、整理され、語られていくかを、文学作品や評論文からの例をあげながら考えてみました。言語学者や哲学者がどちらかというと普遍的な原理に目を向けようとするのに対し、私は文学研究を専門としてきたこともあり、個別の作家や個別のテクストの"個性"に目が行きます。それだけに全体として明確な「結論」がないという印象を持った人もいるかもしれません。

たしかに、それはごもっともな意見なのですが、私としては個別の例の輝きをこそとらえたいと思っています。その輝きを頼りにして、全体を見渡したい。全体から個へと向かうのではなく、個から全体へと向かうのです。だから、輝きは多くの場合、ひとつの段落やパッセージ、場合によっては、アップダイクを扱った第3章で見たように、たったひとつの単語に発しているということもあるかもしれません。そんな輝きをとらえることにこそ、文章を読むことの勘所はあるのではないかと私は思っています。そこからおのずと全体をとらえるための視界も開けるのではないでしょうか。

「はじめに」で私は、読解力をめぐる危機についてやや声高に訴えました。私の危機感の根底にあったのは、こうした個別性に対する鈍感さが"読む"という習慣の衰退につながっているという考えです。「結論」のみを見つけようとする読書をする人があまりに多い。このことはオーウェルの『一九八四年』を取り上げた第2章で焦点をあてた問題とも重なってきます。そのような結論至上主義は、『一九八四年』に描き出された全体主義的な世界の原理ともつながるものです。

本書はふたつの連載が元になっています。「英語名言読本」の欄には、NHKテレビテキストシリーズ「ギフト──E名言の世界」の連載（2010年4月号

おわりに

〜2011年3月号)から7つを選び採録しました。連載時にはNHK出版の吉田光里さんと平野陽子さんにたいへん丁寧な編集をしていただきました。もう一つ、メインの部分は『英語青年』での連載が元になっています。途中から雑誌がウエブ化し、誌名も『WEB英語青年』と名前を変えましたが、私自身はまったく同じ気持ちで執筆をつづけました。雑誌の連載を企画し、毎月私の原稿をチェックしてくださった星野龍さんが、第一弾の『英語文章読本』と同じく今回も書籍化の実務を担ってくださいました。辣腕の星野さん、「わはははははは」と笑いながらズバッ、ズバッ、と容赦なく赤をいれてくださるその包丁さばきは——「わはははははは」の部分も含めて——ほんとうに職人芸です。あらためて御礼申し上げます。なお、英語の引用に付した日本語訳は、『ヨブ記』を除いて、すべて拙訳です。いちいち書名は挙げませんが、適宜既訳を参照させていただいたことを感謝とともに記します。この点についても、上記のお三方に大いに助けられましたが、不備等はすべて筆者の責任です。

2014年4月

阿 部 公 彦

おわりに

〜2011年3月号)から7つを選び採録しました。連載時にはNHK出版の吉田光里さんと平野陽子さんにたいへん丁寧な編集をしていただきました。もう一つ、メインの部分は『英語青年』での連載が元になっています。途中から雑誌がウエブ化し、誌名も『WEB英語青年』と名前を変えましたが、私自身はまったく同じ気持ちで執筆をつづけました。雑誌の連載を企画し、毎月私の原稿をチェックしてくださった星野龍さんが、第一弾の『英語文章読本』と同じく今回も書籍化の実務を担ってくださいました。辣腕の星野さん、「わははははは」と笑いながらズバッ、ズバッ、と容赦なく赤をいれてくださるその包丁さばきは──「わははははは」の部分も含めて──ほんとうに職人芸です。あらためて御礼申し上げます。なお、英語の引用に付した日本語訳は、『ヨブ記』を除いて、すべて拙訳です。いちいち書名は挙げませんが、適宜既訳を参照させていただいたことを感謝とともに記します。この点についても、上記のお三方に大いに助けられましたが、不備等はすべて筆者の責任です。

2014年4月

阿 部 公 彦

著者紹介

阿部公彦 (あべ・まさひこ)

1966年、横浜市生まれ。東京大学文学部准教授。現代英米詩専攻。東京大学大学院修士課程修了、ケンブリッジ大学大学院博士号取得。著書に『英詩のわかり方』(2007 研究社)、『英語文章読本』(2010 研究社)『モダンの近似値——スティーヴンズ・大江・アヴァンギャルド』(2001 松柏社)、『即興文学のつくり方』(2004 松柏社)、『スローモーション考』(2008 南雲堂)、『小説的思考のススメ』(2012 東京大学出版会)、『詩的思考のめざめ』(2014 東京大学出版会)、訳書に『フランク・オコナー短篇集』(2008 岩波文庫)、バーナード・マラマッド『魔法の樽』(2013 岩波文庫)、編訳書に『しみじみ読むイギリス・アイルランド文学』(2007 松柏社) など。『文学を〈凝視する〉』(2012 岩波書店) でサントリー学芸賞を受賞。

英語的思考を読む──英語文章読本 II

2014 年 5 月 30 日　初版発行
2024 年 11 月 29 日　2 刷発行

KENKYUSHA
〈検印省略〉

著　者　阿部公彦

発行者　吉田尚志

発行所　株式会社 研究社
　　　　〒102-8152 東京都千代田区富士見 2-11-3
　　　　電話　営業 (03) 3288-7777 (代)　編集 (03) 3288-7711 (代)
　　　　振替　00150-9-26710
　　　　https://www.kenkyusha.co.jp/

印刷所　TOPPAN クロレ株式会社

装　丁　Malpu Design (宮崎萌美)

© 2014 by Masahiko Abe
ISBN978-4-327-48162-9 C3098 Printed in Japan